Das Kleinod des Shankara

neu gefasst von
Bernd Helge Fritsch

Impressum
© – 1. deutsche Auflage 2011
© – 1st english edition 2015
© – 2. deutsche Auflage 2015
by Bernd Helge Fritsch

Übersetzung aus dem Sanskrit:
Swami Pulpul Govinanda
Übersetzung aus dem Englischen, Auswahl und Kommentar:
Dr. Bernd Helge Fritsch
www.berndhelgefritsch.com
Email: office@berndhelgefritsch.com

Cover: Bernd Helge Fritsch
Layout: Dr. Evelyn Schmelzer

Bilder im Buchtext von:
Harry Schiffer
Evelyn Schmelzer
Karin Wimmer

Herstellung und Verlag:
BoD - Books on Demand,
Norderstedt

ISBN 9783842363786

Der Autor

Bernd Helge Fritsch war ursprünglich erfolgreicher Rechtsan-
walt. Auf Grund einer tief greifenden inneren Wandlung, hat
er sich kurz nach Erreichen seines vierzigsten Lebensjahrs
von diesem Arbeitsbereich zurückgezogen.

Er verbrachte viele Jahre auf Reisen in Asien und Südeuropa,
lebte in buddhistischen und hinduistischen Klöstern, studierte
und praktizierte Zen.

Insbesondere durch die Bücher „Der große Prinz", „Wu-Wei
erfolgreich nichts tun", „Die Essenz der Bhagavad Gita" und
andere ist Bernd H. Fritsch einem breiten Leserkreis als ins-
pirierender Buchautor bekannt geworden.

Neben seiner Arbeit als Buchautor ist Fritsch als Vortragender
in Österreich, Deutschland, Schweiz und Italien tätig.

Das Buch

Adi Shankara (788 – 820) gilt als bedeutendster indischer spiritueller Philosoph und Reformator des Hinduismus. Sein berühmtes Hauptwerk ist das „Viveka Chudamani" (Kleinod der Unterscheidung). Es gilt als „Kron-Juwel" altindischer Weisheit.

In der vorliegenden Ausgabe des „Kleinods" findet der Leser eine umsichtige Auswahl der ursprünglich 580 Sanskrit-Verse sowie eine moderne, gut fassbare Übersetzung. Auf etliche Wiederholungen und Aussagen die nicht unserem Zeitgeist entsprechen wurde verzichtet.

Bernd Helge Fritsch, selbst ein spiritueller Lehrer, hat zum besseren Verständnis der rund 1200 Jahre alten Schrift des Shankara zahlreiche Erläuterungen zu den Versen hinzugefügt.

In diesem Buch werden die zentralen Fragen unseres Lebens behandelt: „Worin besteht der Sinn meines Lebens? Wie erklärt sich unser Schicksal? Wie befreien wir uns von Sorgen, Krankheit und Leid? Wie können wir uns mit der ewigen Schönheit, Liebe und Glückseligkeit im Urgrund des Seins verbinden?"

Inhalt

Einleitung

Das Bekenntnis einer Religionsgemeinschaft anzugehören oder der Glaube an eine religiöse Lehre hat oft wenig zu tun mit Spiritualität. Ein spiritueller Mensch verbindet sich mit der Dimension jenseits der sinnlich wahrnehmbaren Erscheinungen. Er geht hinaus über die Grenzen des Verstandes, der die Welt durch intellektuelle Analyse zu begreifen versucht. Er gibt sich nicht damit zufrieden, dass andere ihm über den Urgrund des Seins berichten, sondern er will diesen selbst erfahren. Dazu ist ihm allerdings jede Anleitung recht, die von einer transzendenten Schau getragen ist. In diesem Sinne möge auch dieses Buch, diese Auseinandersetzung mit den Lehren des Shankara verstanden werden.

Viele Perlen der Weisheit wurden uns von Lehrern übermittelt, die tief in die Wunder und Geheimnisse des Lebens eingetaucht sind. Wir finden solche in den schriftlichen Überlieferungen aus dem Hinduismus und Buddhismus stammend, im Alten und Neuen Testament, in den Lehren des Taoismus, der griechischen Philosophen, in den Worten der christlichen Mystiker, der islamischen Sufis und vieler anderer. Alle diese Juwelen stammen aus dem universellen Bewusstsein jenseits des gewöhnlichen Verstandes und es ist beruhigend und beglückend, dass alle Weisen im Grunde dieselbe Botschaft über Gott und die Welt verkünden. Dabei ist es egal ob dieser „Gott" Buddha, Allah, Jehova, Brahman oder sonst wie genannt wird.

Niemand kann den Geschmack von Honig kennen, ohne ihn gekostet zu haben. Beschreibungen allein können uns keine „Erfahrung" von Honig vermitteln. Ebenso muss der Weg über den Verstand hinaus von jedem selbst gegangen werden, um die Ebene zu erreichen, aus der alle sinnlich wahrnehmbaren Formen hervorgegangen sind und ständig neu hervorgehen.

Im „Kleinod des Shankara" geht es nicht um einen „Glauben"
oder um ein bestimmtes „Glaubensbekenntnis", sondern um
eine höchst praktische Anleitung wie wir den Honig verkosten
können und nicht nur über ihn spekulieren. Für den Her-
ausgeber dieses Buches ist das „Kleinod Shankaras" eine der
tiefsten Beschreibungen des Weges zum eigenen Wesenskern,
zur Erfahrung von Frieden, Geborgenheit und Glückseligkeit
jenseits der dualen Erscheinungswelt, die jemals der Menschheit geschenkt wurden.

Shankara zählt zu den großen indischen Weisheitslehrern. Er
lebte etwa von 788 – 820. Von Shankara stammen, wie über-
liefert wird, zahlreiche Kommentare zu den alten indischen
Weisheitsschriften (Veden, Upanishaden, Bhagavad-Gita). Er
war Vertreter der Advaita-Philosophie. Sie besagt, dass es nur
EIN Sein, nur eine Einheit allen Lebens gibt. Alles ist Brahman
(die allumfassende Gottheit, das universelle Bewusstsein).
Deswegen ist auch der Mensch in seiner Essenz nicht getrennt
von der Natur, von anderen Menschen und vom allumfassenden Sein. Nur in seinem getrübten Bewusstsein entsteht
die Illusion allein einer (oft als bedrohlich eingestuften) Welt
gegenüber zu stehen.

Das „Kleinod der Unterscheidung" (Originaltitel: Viveka-Chu-
damani) gilt als bekanntestes und wichtigstes Werk des Shankara. Wir finden in ihm die Weisheiten der altindischen Lehren
gleichsam in einer Nussssschale zusammengefasst. Es besteht
aus 580 Sanskrit-Versen. In ihnen erklärt der Meister seinem
Schüler die Natur des Atman, der unsterblichen Seele eines
jeden Menschen, und den Weg zur Vereinigung mit Brahman.

In der vorliegenden Ausgabe wurde die Anzahl der Verse auf
rund die Hälfte der Original-Verse reduziert. Es wurden viele

Wiederholungen und auch Aussagen die nicht mehr unserem Zeitgeist entsprechen ausgeschieden. Manche Verse wurden zum besseren Verständnis vereinfacht; einige wurden zu einem Vers zusammengefasst. Auf gewisse Wiederholungen wurde bewusst nicht verzichtet, weil sie den mantraartigen, einprägsamen Charakter der Originalfassung gut wiedergeben.

Zur Ergänzung und Erklärung wurden vom Buch-Herausgeber bei etlichen Versen Kommentare angefügt.

Das Ziel der Reise – Erkenntnis und Unsterblichkeit

1.   Der Schüler verneigt sich vor Govinda und allen großen Weisheitslehrern. Diese Meister verweilen im Zustand höchster Glückseligkeit. Aus tiefster Verbundenheit mit dem allumfassenden Sein schöpfen sie ihre inneren Bilder, die sie sodann in Worte gießen. Sie öffnen unser Herz für Schönheit, Freiheit, Frieden und Liebe jenseits der Dualität.

2.   Der Meister spricht:
Menschliche Geburt zu erlangen ist ein unübertreffliches Geschenk.
Es gibt Personen, die dieses kostbare und seltene Geschenk erhalten haben, die jedoch so verloren sind, dass sie sich nicht um Befreiung bemühen. Solche Menschen sind Selbstmörder. Sie klammern sich an das Unwirkliche und zerstören sich selbst.

3.   Die Kenntnis der heiligen Schriften übersteigt bloßes Mensch-Sein. Die Unterscheidung zwischen dem Selbst (Atman) und dem Nicht-Selbst bedeutet eine hohe Entwicklungsstufe. Die Befreiung kann allerdings nur durch bewusste Vereinigung mit Brahman erlangt werden. Diese Bewusstseinsstufe ist nicht leicht zu erreichen. Du bedarfst dazu der Gnade Gottes, des tiefen Wunsches nach Befreiung und der Unterweisung durch einen großen Meister.

Jedes Wesen ist vereinigt mit Brahman, der allumfassenden Gottheit. Du kannst gar nicht anders existieren als in und durch Brahman. Allerdings kann der Mensch, verblendet durch eine falsche Beurteilung der äußeren Formen, sich als isoliertes Einzelwesen empfinden. Daran knüpfen sich seine Ängste und Probleme.

Für viele Menschen ist es normal, dass ihr Dasein aus einer Kette von Schwierigkeiten und Sorgen besteht. Der Gedanke wonach das Leben in jedem Augenblick bis ins kleinste Detail vollkommen ist, so wie es ist, wird den meisten ziemlich irreal vorkommen. Die sinnlich wahrnehmbaren „Fakten" sprechen nach ihrer Ansicht allzu mächtig dagegen. Diese vermeintlichen „Fakten" ergeben sich für den menschlichen Verstand aus der Trennung seines Bewusstseins von der Einheit mit Atman und Brahman.

4.   Die Menschen klammern sich an die vergänglichen Erscheinungen. Sie verfehlen die Verwirklichung ihres Seins. Sie versäumen die höchste Glückseligkeit, das Ziel der Reise, die Vereinigung mit dem universellen Bewusstsein, mit Brahman.

Wir ahnen, dass das Leben überirdisch schön und unbegrenzt sein muss. Irgendwo, irgendwann hat dies jeder Mensch in seinem Inneren zumindest für kurze Augenblicke schon erfahren dürfen. Doch weshalb ist es so schwer sich dauerhaft mit der unermesslichen Herrlichkeit und Weite des Seins zu verbinden?

Alles Leben ist durchdrungen von Bewusstsein. Dieses Bewusstsein stammt aus der Dimension jenseits der äußeren Formen. Es ist die Dimension des unbegrenzten, ewigen Seins.

Das unsichtbare, mit den Gedanken nicht greifbare, allumfassende Bewusstsein ist der Ursprung aller Formen. Es ist die Grundsubstanz aller Erscheinungen. Auch unser Denken ist nichts anderes als Bewusstsein. Doch dieses Denken ist begrenzt und sorgt dafür, dass sich unser Leben großteils eng, fehlerhaft, verlustreich und vergänglich anfühlt. Dieses Denken glaubt an Mangel und erkennt nicht die Vollkommenheit allen Seins.

Für den Verstand ist es schwer begreiflich, dass unsere Welt vollkommen und von göttlicher Weisheit erfüllt sein soll. Er hat keinen Zugang zu der ewigen, lichtvollen Dimension hinter den Erscheinungen. Die Vergänglichkeit äußerer Formen, Leiden, Krankheit und Tod beweisen ihm die Unvollkommenheit des Seins. Doch wie die Zen-Meisterin Joko Beck sagt: *„Vergänglichkeit ist im Grunde nur ein anderes Wort für Vollkommenheit. Wir müssen Leben und Sterben, darin liegt Vollkommenheit…"* Unser innerer Widerstand gegen das Sein wie es ist, trübt den Blick für seine Schönheit und Weisheit.

> *Die Natur hat Vollkommenheit, um zu zeigen, dass sie das Abbild Gottes ist, und sie hat Mängel, um zu zeigen, dass sie nur ein Abbild ist.*
>
> Blaise Pascal

> *5.   Es nützt nichts heilige Schriften zu studieren, Riten auszuführen und Gottheiten zu verehren solange der Mensch nicht seine wahre Identität erkennt. Befreiung erzielt nur, wer seine Einheit mit dem Atman schauen kann.*

Atman und Brahman sind die beiden Schlüsselbegriffe, die sich wie ein roter Faden durch das „Kleinod der Unterscheidung" ziehen. Brahman bedeutet das allumfassende Sein. Er ist „Das Eine ohne ein Zweites". Brahman ist zugleich die große Leere und das ganze, uns umgebende Universum. Leere bedeutet universelles Bewusstsein jenseits von Gedanken und Formen. Brahman ist das NICHTS und das ALLES. Es umfasst all die unbegrenzten Möglichkeiten des Seins und zugleich auch alle konkreten Erscheinungen.

Brahman ist nicht dies oder das. Die Einschränkung des Brahman auf irgendwelche Inhalte widerspricht der Vorstellung eines umfassenden Seins. Die Behauptung Brahman sei zugleich Alles und Nichts überfordert allerdings den analytisch-logischen Verstand. Nur wenn der Verstand schweigt, kann der Mensch diese Realität wahrnehmen.

Brahman ist in seiner Grundsubstanz „reines Bewusstsein", das heißt Bewusstsein ohne konkrete Inhalte. Menschliches Bewusstsein ist gewöhnlich immer mit einem Gegenstand (z.B. mit einer sinnlichen Wahrnehmung oder einem Gedanken) verbunden. Reines Bewusstsein, den Ursprung aller Formen, erfährt der Mensch nur in einem Ausnahmezustand (z.B. in der Meditation).

Brahman gebiert aus sich heraus den Menschen mit seinem individuellen Lebenskern (Atman). Der Atman ist in seiner Essenz identisch mit Brahman.

Wie es auch der Überlieferung des Alten Testaments (1.Mose 1,27) entspricht, wurde der Mensch zum Ebenbild Gottes geschaffen. Weil sich dieser Mensch – nach der indischen Philosophie, verwirrt durch den Einfluss der Göttin Maya – mit seinem Körper, mit seinen Sinnesorganen, mit seinem Mind (Denken, Fühlen, Wollen) identifiziert, entsteht eine unwirkliche Schein-Persönlichkeit, genannt das Ego. Dieses Ego hat seine ursprüngliche Einheit mit Gott „vergessen". Das ist die Ursache all seiner Probleme.

Die Ego-Seele muss – nach der hinduistischen Weisheitslehre – so lange leiden und durch immer neue Inkarnationen hindurchgehen, bis sie sich wieder vollkommen mit Atman und Brahman vereinigt. Damit wird ihre vergängliche, ängstliche und schmerzvolle, von Gott und den übrigen Menschen getrennte Scheinwirklichkeit beendet. Dieser Vorgang wird „Befreiung" oder „Erleuchtung" genannt.

> 6.   *Kein Handeln kann dir Befreiung bringen. Erleuchtung und Unsterblichkeit kann nicht durch harte Arbeit, durch Ansammlung von Reichtum oder durch gute Werke, sondern allein durch Hingabe, das heißt durch Aufgabe der falschen Identität, erlangt werden.*

Die Menschen denken, sie müssen etwas tun um zur Fülle des Lebens zu gelangen. Das umfassende Sein, welches in seiner Essenz identisch ist mit deinem persönlichen Sein, mit deinem Leben, ist voller Pracht und Herrlichkeit. Wir können ihm nichts Wesentliches hinzufügen. Unsere Aufgabe in dieser Welt besteht primär darin, mehr bewusst zu werden. Das heißt, aufmerksam und genau auf die Vorgänge in unserem Mind hinzuschauen. Dann erkennen wir den Schleier der Unwirklichkeit, den unser beschränktes Denken über die Realität gelegt hat. Sobald wir uns dieser Tatsache bewusst werden, löst sich der dichte Nebel auf und im Licht der wahren Erkenntnis erstrahlt das Sein.

> 7.   *Wer Weisheit sucht, wird das Verlangen nach diesem oder jenem beenden. Er erkennt die Glückseligkeit des reinen Bewusstseins, die er in sich trägt. Er befreit seine Seele aus den Fluten der äußeren Formen, aus dem Werden und Vergehen. So gelangt er zur Vereinigung mit dem Ursprung des Lebens.*

Die Menschen nehmen nur die duale Außenseite der Erscheinungen wahr. Den Bezug zur unvergänglichen und vollkommenen Dimension des Seins haben sie verloren. Sie sehen daher nur einen kleinen Teil, einen Abglanz der Wirklichkeit. Sie beobachten das ständige Werden und Vergehen in der äußeren Welt. Das verursacht Sorgen, Angst, Wünschen, Hoffen und Begehren.

Durch seine oberflächliche Betrachtungsweise bewertet der Mensch seine gegenwärtige Lebenssituation in der Regel als unzureichend. Er hat ständig das Gefühl, es fehle etwas zu seinem Glück. Dieses Mangelgefühl verlangt nach Veränderung, nach Aktivität, nach harter Arbeit und Anstrengung in der Hoffnung vielleicht in der Zukunft Erfüllung zu erlangen. Daraus resultiert der „Stress" der heutigen Zeit.

Das Verlangen nach diesem und jenem, geht davon aus, dass das allumfassende Universum unvollkommen ist. Deshalb rennen Menschen hinter einem Glück hinterher, das sie hoffen in der Zukunft zu erlangen. Durch diese Ausrichtung sind sie gehindert schon JETZT tiefer in das Sein (es gibt nur das jetzige Sein!) einzutauchen. Nur im „Hier und Jetzt" können wir die Weisheit, Schönheit, Liebe und Vollkommenheit des Lebens erfahren.

Mangel-Denken erzeugt Mangel. Die Kraft der Gedanken zieht das an, was wir erwarten. Wer die Fülle des Seins erkennt, wird deren Früchte genießen können.

> 8.   *Rechtes Handeln reinigt das Herz. Doch der Einblick in die Wirklichkeit wird nicht durch Taten gewonnen. Durch die Unterscheidung zwischen Vergänglichem und Unvergänglichem wird die wahre, zeitlose Realität erkannt. Es ist Zeit auch für deine Befreiung. Du bist reif für die Unterscheidung zwischen dem Atman und dem Nicht-Atman, dem reinen Bewusstsein und der Welt der Erscheinungen.*

Durch die rechte Unterscheidung wird der Schüler Eins mit Atman und Brahman. Er flieht nicht vor dieser Welt, doch er ist nicht mehr an sie gebunden. Wie Jesus kann auch er von sich sagen: „Ich lebe IN dieser Welt doch im Wissen nicht VON dieser Welt zu sein". Mit Hingabe, jedoch stets gelassen, erfüllt er seine weltlichen Aufgaben. Wie immer die Früchte seiner Arbeit sein mögen, er bleibt davon ungerührt. Frei von der Einbildung etwas erreichen zu müssen, um glücklich zu sein, ruht er in sich.

> 9.   *Nur durch Meditation getragen von weisheitsvollen Lehren erlangst du Verwirklichung. Äußere Handlungen wie gute Taten, religiöse Übungen, Atemübungen allein können dich nicht das wahre Sein erfahren lassen.*
> *Äußere Umstände wie Ort und Zeit sind von untergeordneter Bedeutung. Entscheidend für das Erreichen des Ziels ist die innere Einstellung des Suchers.*

Kontemplation und Meditation sind die Wege des Yoga. Yoga bedeutet die Verbindung zur spirituellen Welt herzustellen. In der Kontemplation werden wir innerlich still und lassen geistige Weisheiten tief in uns einsinken. Wir versuchen nicht sie gedanklich zu analysieren, sondern wir betrachten sie, verbinden uns mit ihnen und erlangen, derart angeregt, von innen her Einsicht in das Sein.

Kontemplation sollte unterschieden werden von ungeprüftem Glauben. Jeder Mensch trägt in sich ein Gefühl der Wahrheit. Je selbstloser wir uns den Rätseln des Lebens nähern, desto besser können wir intuitiv die Wahrheit erkennen. Wer sich jedoch mit Spiritualität auseinander setzt, um „heilig" oder besser als andere Menschen zu werden, der wird sein Ziel verfehlen und sich leicht in zweifelhafter „Esoterik" verirren.

Meditation dient dazu den Strom der Gedanken im eigenen Mind zu beobachten und sich von ihm zu befreien. Dadurch erschließt sich der Raum jenseits unserer gewohnten Vorstellungen.

Das Erreichen des Ziels ist abhängig von der richtigen inneren Verfassung des Suchers. Ort und Zeit des Bemühens haben wenig Bedeutung. Du musst nirgendwo hinreisen um die Wahrheit zu erkennen, denn sie ist nur tief in dir zu finden.

> 10.   Wer seine wahre Natur erkennen will, sollte einen Lehrer aufsuchen, der sein Ego aufgegeben hat und friedvoll im Sein ruht.

Das ganze Universum unterstützt dein Streben nach Erkenntnis der Wirklichkeit. Mit Vertrauen wirst du zur rechten Zeit die Hilfen bekommen, die der jeweiligen Stufe deines Bewusstseins entsprechen. Menschen, Ereignisse, Bücher und andere „Lehrer" werden sich für dich einfinden. Die zwei wichtigsten Lehrer sind immer bereit für dich: Die Erkenntnis durch Achtsamkeit einerseits und andererseits das Leid, verursacht durch Unwissenheit. Du hast zwischen beiden die Wahl.

So paradox es klingt, Leid ist Teil der Vollkommenheit des Daseins. Wie viele aus eigener Erfahrung bestätigen können, kann Leid, richtig verstanden, als Wachrüttler dienen und eine starke Motivation geben, die eigene Einstellung zum Leben zu verändern.

Leid resultiert aus Karma. Wie wir über Leid und Karma hinausgehen können, wird in den folgenden Versen des „Kleinods" ausführlich beschrieben.

Die ersten Schritte zur Befreiung

> *11.   Die Weisen haben uns die vier Voraussetzungen zur Erlangung von Befreiung erklärt.*
> - *Die wichtigste Voraussetzung ist die Unterscheidung zwischen dem Ewigen und den vergänglichen Formen;*
> - *Als nächstes gilt es sich von der Begierde nach den Früchten der eigenen Handlungen zu lösen;*
> - *Sodann werden innerer Frieden, Gelassenheit und Ausdauer benötigt;*
> - *Nicht zuletzt muss ein lebhaftes Bedürfnis nach Befreiung vorhanden sein.*

Die Welt der Formen ist vergänglich. Alles fließt. Was kommt, vergeht. Selbst die Erde, die Sonne und alle Himmelskörper werden vergehen. Wer dem Vergänglichen anhaftet, muss deshalb immer wieder leiden. Brahman, das reine Bewusstsein ist die Wahrheit, die Welt ist eine Illusion.

Erkenntnis erlangt derjenige, der frei von Verlangen, gleichmütig beobachtet was ist. Das gilt für äußere Erscheinungen und ebenso für dein Innenleben. Durch diese Achtsamkeit befreien wir uns von Denk- und Gefühlsmustern, die unsere Sicht auf die Realität behindern.

Der große Irrtum besteht in dem Glauben, dass irgend ein äußeres Ereignis, irgendeine Sache oder ein Mensch dir dauerhaften Frieden und dauerhaftes Glücklich-Sein schenken wird. Doch dazu ist die Welt der Formen ungeeignet. Frieden und Glückseligkeit sind nur im Zentrum des eigenen Seins zu finden.

Eine weitere Bedingung um tiefen Frieden zu erlangen, ist Gleichmut gegenüber den Früchten deiner Handlungen. Früchte stellen sich ein oder stellen sich nicht ein. Was kommt, das kommt und was nicht kommt, kommt nicht. Lerne das Leben anzunehmen wie es ist und daraus das Beste zu machen. So verwirklicht sich die Harmonie mit dem Sein.

> *Das Karma des Tuns –*
> *Böses Tun bringt böse Folgen;*
> *Gutes Tun bringt gute Folgen;*
> *Das Tun um des Tuns willen,*
> *bringt keinerlei Folgen mehr.*
>
> Siddharta Gautama Buddha

12.   Unterscheidung (Viveka) ist zu treffen zwischen dem was ewig und dem was vergänglich ist. Es gilt zu erkennen, dass Brahman die einzige wirkliche Realität ist und dass die äußere Welt nur eine Scheinwirklichkeit besitzt.

13.   In den befreiten Zustand der Leidenschaftslosigkeit gelangst du, wenn alle Formen vom Körper angefangen, über Besitz bis zu mentalen Vorstellungen als zweitrangig in ihrer Bedeutung erkannt werden. Dann hängst du nicht mehr an ihnen und öffnest dich für Einheit mit Brahman.

Die Freuden des Seins sollst du weder begehren noch abstoßen. Genieße was angenehm und nimm gelassen an, was sich an weniger Angenehmen ereignet. Bleibe dir dabei der Vergänglichkeit aller Vergnügungen bewusst. Erfreuliches und Unerfreuliches wechseln stets einander ab. Gewinn und Verlust kommen und gehen in der äußeren Welt. Wer an Vergnügungen hängt wird immer wieder leiden müssen. Wer mit der unvergänglichen Glückseligkeit jenseits der Dualität verbunden ist, wird nicht mehr angestrengt nach weltlichem Glück Ausschau halten.

In der Welt der Formen zu leben ist dann eine Freude, wenn eine Balance zwischen der inneren Dimensionen der Stille einerseits und der erscheinenden, äußeren Welt andererseits besteht. Die meisten Menschen sind sich ihrer inneren Dimension nicht bewusst. Durch diese Einseitigkeit wird ihr Leben überwiegend zu einer banalen, geistlosen und unbefriedigenden Sache.

14. Frieden stellt sich ein, wenn der Mind nicht mehr an äußeren Formen hängt und zuverlässig bei seinem Ziel, der Einheit mit Brahman verweilt.

Man sollte sich den inneren Frieden und die Vollkommenheit des Universums immer wieder bewusst machen. Dadurch entsteht nach und nach eine starke Verbindung zum inneren Wesenskern. Je stärker diese Verbindung ist, desto mehr verliert das weltliche Auf und Ab seine hypnotische Kraft.

Ablehnung und Begehren, sich beklagen, empören, sich ärgern und sich bemitleiden zeugen von Identifikation mit Gedanken und Emotionen. Erkenne, wer du bist und werde frei! Die Hinwendung des Bewusstseins zur beständigen Realität, zu Atman und Brahman bringt Befreiung. So lösen sich alle Fesseln, die das Ego-Ich geschaffen hat.

Akzeptanz schafft die Verbindung mit dem Sein

15.   Geduld bedeutet allen Widrigkeiten des Lebens ohne inneren Widerstand, ohne Verärgerung und Klage zu begegnen.

Verbundenheit mit Brahman beinhaltet die absolute Annahme des Seins wie es gegenwärtig ist. Nichtannahme bedeutet Verneinung des Lebens. Dann geht es an dir vorbei. Was immer dir begegnet, wisse es ist Teil des göttlichen Seins.

Das Ego löst sich auf und der Atman kann aufleuchten, sobald der Mensch den Erscheinungen ohne überflüssigem Verlangen und emotionaler Ablehnung gegenüber tritt. Das kleine Ich liebt es sich immer wieder gegen das Sein, wie es gegenwärtig darstellt, aufzulehnen. Widerstand gegen das, was ist, gibt ihm stets neue Energie. Durch rastloses Streben nach Veränderung seiner Lebensumstände, hofft es irgendwann Erfüllung zu finden.

Durch die Ablehnung der Gegenwart wie sie ist, wird es dem Ich verwehrt in die Tiefe und Fülle des Seins einzudringen. Deshalb bewegt es sich immer nur an der Oberfläche des Lebens. Diese ist jedoch auf Dauer öde und unfruchtbar wie eine Wüste aus Steinen.

Annehmen, was ist, bedeutet nicht ein völlig passives Leben führen. Wir akzeptieren, was ist, weil jede andere innere Bewusstseinshaltung nur Konflikt und Energievergeudung bedeutet. Was jetzt ist, ist bereits. Im Zustand gelassener und liebevoller Annahme von dem was ist, können wir den nächsten Schritt frei von Angst, Ärger oder eigensüchtigem Verlangen setzen. Wir verändern sodann, was zu verändern ist! Wir verlassen, was wir verlassen können und wollen!

Wir machen das Beste aus jeder Situation. In Verbindung mit unserem Selbst werden wir kreativ die richtigen Handlungen setzen. Aus der Akzeptanz des Lebens wie es ist, entsteht Raum für Freude und Liebe.

Durch inneren Widerstand wird das Übel nur verstärkt. Aus Ärger, Zorn, Furcht und Frust resultieren Reaktionen, die gewöhnlich unsere Probleme nur vergrößern.

16.   Bleib immer verbunden mit deinem Atman, mit dem reinen Bewusstsein, so vermeidest du geistige Unruhe. Reagiere gelassen auf äußere Geschehnisse. Lass dich nicht von Sinneswahrnehmungen vereinnahmen.

Von einer höheren Dimension aus betrachtet, ist jeder Augenblick vollkommen bis ins kleinste Detail, so wie er ist. Erst durch unsere Bewertung werden Situationen „schrecklich", „trostlos", „unbefriedigend". Wer „Nichtbewertung" praktiziert, geht über die duale Welt der Erscheinungen hinaus. Er taucht ein in eine andere Dimension. In dieser gibt es kein „Gut" und „Böse". In der Verbindung mit dieser Dimension offenbart sich die Herrlichkeit des Universums.

Wenn wir alles annehmen wie es ist, und aufhören zu kritisieren, zu verurteilen, und uns dagegen aufzulehnen, dann löst sich das „Böse" auf. Es verliert für uns persönlich seine Kraft – und verliert auch für unsere Mitmenschen an negativem Einfluss.

Auch spirituell fortgeschrittene Menschen werden immer wieder Ärger empfinden, wenn sie mit der Unwissenheit und sonstigen Schwächen anderer Personen konfrontiert werden oder der eigenen Fehlerhaftigkeit begegnen. Das ist wahrlich kein Grund um zu verzweifeln. Wir können jederzeit aussteigen, einen Schritt von unserem Mind zurücktreten, beobachten und auch diesen Aspekt des „Seins" annehmen. Akzeptanz ist ein Wundermittel zur Befreiung.

> *Krishna: Wer in sich ruht und gleich sich bleibt in Freud und Leid, gelangt zum ewigen Sein.*
>
> *Bhagavad Gita 2:15*

Identität – Wer bin ich?

> 17.   Der Wunsch nach Befreiung bedeutet die eigene wahre Natur zu verwirklichen. Dies geschieht durch lösen der Ketten die vom Egoismus ausgehen.

Schon in früher Kindheit beginnt der Mensch ein Ego-Bewusstsein auszubilden. Durch seine Denkfähigkeit fühlt er sich als eine von der Welt gesonderte Person. Das Ego ist einerseits die Hauptursache von Leid und Unfrieden, andererseits bildet es die Basis jeder freien Individualität. Deshalb sollten wir die eigene Egoität und die anderer nicht verurteilen, sondern ihre Mission durchschauen um dadurch auf eine höhere Stufe des Bewusstseins zu gelangen.

Pflanzen und Tiere haben kein Ego, wie wir Menschen es haben. Sie befinden sich noch in einem Paradieszustand, in dem Zustand der Einheit mit Gott und der Welt.

Die Menschen haben diese Einheit durch ihre Art zu denken verlassen. Jesus vergleicht den Menschen mit dem „verlorenen Sohn", der sich von seinem Heimathaus abgewendet hat und in der Fremde (in der Trennung von seinem Ursprung) sein Erbteil (seine ursprüngliche Geborgenheit und Glückseligkeit) verprasst. Dennoch bedeutet dem Vater dieser verlorene und letztlich wieder heimgekehrte Sohn mehr als der andere, der im Elternhaus verblieben ist. Denn der „verlorene Sohn" hat einen Entwicklungsschritt getan, den der andere Sohn nicht vollzogen hat.

Durch die Absonderung – hervorgerufen durch das Ego-Denken – und die anschließende Rückkehr zur Einheit erlangt der Mensch ein höheres Bewusstsein. Er ist nicht mehr bloß eins mit Gott, sondern zugleich eine freie Individualität. In der Sprache Shankaras ist er nicht nur eins mit Brahman, so wie die Steine, Pflanzen und Tiere, sondern er ist auch Atman, eine befreite Seele. Auf diese Weise kann sich das reine Bewusstsein selbst begegnen. Gott begegnet sich in seinem Sohn und der Sohn begegnet sich in seinem Vater.

> *Ich bin des so gewiss, wie dass ich ein Mensch bin, dass mir nichts so nahe ist wie Gott. Gott ist mir näher, als ich mir selber bin; mein Sein hängt daran, dass mir Gott nahe und gegenwärtig ist. So auch ist er es einem Steine und einem Stück Holz, sie aber wissen nichts davon. Wüsste das Holz um Gott und erkennte es, wie nahe er ihm ist, so wie der höchste Engel dies weiß, so wäre es ebenso selig wie der höchste Engel. Und darum ist der Mensch seliger als ein Stück Holz, weil er Gott erkennt und weiß, wie nahe ihm Gott ist.*
>
> *Meister Eckehart*

18. Hingabe ist der direkte Weg zur Befreiung. Mit anderen Worten gesagt, bedeutet Hingabe die alleinige Realität des Atman aufzusuchen.

In jedem Menschen wirkt die Sehnsucht nach Befreiung. Betäube sie nicht durch äußeres Tun. Befreiung kann nur durch Hingabe an das Höchste erlangt werden. Forsche ernsthaft nach dem, was du wirklich bist. Gib hin dein Ego, deine Sorgen, Ängste, dein Bedürfnis wichtig zu sein, dein Verlangen, deine Identifikation mit dem physischen und dem mentalen Körper.

Hingabe ist gleich zu setzen mit der unermüdlichen Suche nach der eigenen wahren Natur. Sie mündet immer wieder in die Frage: Wer bin ich?

19. Der Mensch will sich selbst finden und verstehen. Er sucht seine Identität in der Welt der Formen. Doch diese kann seine Sehnsucht nie befriedigen.

Der gewöhnliche Mensch macht sich kaum Gedanken über seine Identität. Dennoch hat er ein großes Bedürfnis etwas Besonderes zu sein. Unbewusst ist er vorwiegend damit beschäftigt seine Ego-Identität zu stärken und zu verteidigen.

Er identifiziert sich mit:

- seinem Körper: – „Ich bin stark und jung. „Ich bin schön und begehrenswert…" oder „Wenn ich nur attraktiver wäre…!" oder „Ich bin eine alte kranke Person!"
- seinen Gefühlen: – „Ich bin im Stress!" oder „Ich bin verliebt und der glücklichste Mensch der Welt!" oder „Ich habe Angst es könnte das oder das passieren!"
- seinen gedanklichen Konzepten: – „Ich bin Christ!" oder „Ich bin Opfer meiner Erziehung!" oder „Überall im Leben lauern Gefahren!" oder „Ich habe es im Leben zu etwas gebracht!" oder „Ich bin ein Versager!"
- seiner Vergangenheit: – „Ich heiße Josef Brunner. Ich wurde vor 42 Jahren in München geboren. In der Schule war ich einmal Klassenbester. Ich war verheiratet und bin jetzt geschieden. Ich habe viel mitmachen müssen."
- seiner gegenwärtigen Rolle: – „Ich bin Arbeitsloser und beziehe Sozialhilfe!" oder „Ich bin Hausfrau." oder „Ich bin ein erfolgreicher Geschäftsmann".
- seinen Wünschen, Sorgen und Hoffnungen: – „Ich werde nie meine Träume erfüllen können!" oder „Hoffentlich bekomme ich meinen Wunsch-Partner!" oder „Wenn ich nur mehr Geld hätte!"

Jemand könnte fragen: „Weshalb ist es sinnvoll sich bewusst mit seiner Identität auseinander zu setzen? Ich bin einfach, wer ich bin!" Ja, es wäre schön so unbekümmert zu denken, aber wir hängen unbemerkt eine Menge Attribute zu diesem „Ich bin, wer ich bin!" dazu. Doch wir sind nicht diese Attribute. Mein Name, mein Alter, meine Vergangenheit (soweit ich mich an sie erinnere) diese „Geschichten" sagen wenig über meine erscheinende Persönlichkeit und gar nichts über meine innere Identität aus.

Du bist nicht was du glaubst zu sein! Und das, was du glaubst zu sein, macht dich auf Dauer unglücklich. Es schafft Probleme und Sorgen und lässt dich daran zweifeln ob dein Leben einen Sinn hat.

All die Eigenschaften unseres „Ich bin…", wie zuvor beispielsweise aufgezählt, wurden von unseren Gedanken geschaffen. Sie wechseln ständig, sind bruchstückhaft und vergänglich. Diese Eigenschaften reduzieren das Gefühl unseres Seins auf Namen, auf beschränkte gedankliche Vorstellungen. Das macht uns klein, und beeinträchtigt unsere Liebe zu uns selbst und damit auch zur Welt.

Am Ende steht der Tod, von dem der normale Mensch auch nichts weiß. Unter Tod verstehen wir das Ableben unseres Körpers. Wenn wir uns mit letzterem identifizieren, so bedeutet dies selbstverständlich Angst vor dem unausweichlichem Altwerden und Sterben.

> *Finden Sie heraus „Wer bin ich?" Das reine Ich ist die Wirklichkeit: absolutes Bewusstsein, absolute Seligkeit. Wird das vergessen, dann kommt alles Elend zum Vorschein; wird das festgehalten, dann berührt den Betreffenden kein Elend mehr.*
>
> *Ramana Maharshi*

Verloren in den Gedanken

> 20.   Die Menschen sind verloren im Meer der Gedan-
> ken und Gefühle. Sie brennen im Feuer von leidvollem
> Werden und Vergehen. Sie werden von unvorhersehba-
> ren Winden hin und hergerissen. Gute und üble Taten
> der Vergangenheit bestimmen ihr Karma. Sie sind voller
> Furcht.

Der gewöhnliche Mensch bemerkt gar nicht, wie er sich den
ganzen Tag in einem Gedankenstrom befindet. Und er ist
sich auch nicht bewusst, dass er sich total mit den Inhalten
seiner Gedanken identifiziert. Er ist Sklave und Opfer seiner
Gedanken.

Doch seine Gedanken reichen wenig bis gar nicht an die Realität heran. Sie bestehen aus Konzepten, die ihm seit frühester
Kindheit durch die Eltern, Lehrer, Kameraden, Gesellschaft
anerzogen wurden. Dazu kommen Muster, die in die Gene der
Menschen durch Jahrhunderte und Jahrtausende von Religi-
onen und kollektiven Denkgewohnheiten eingeprägt wurden.

Von dieser Warte aus beurteilen wir die Welt. Solange wir in
diesen Mustern gefangen sind, „funktionieren" und „reagieren" wir, doch wir leben nicht das, was das Leben für uns sein
könnte.

Die magische Wirkung der gedanklicher Vorstellungen macht
die Menschen unglücklich. Zum Beispiel glauben die Leute
den sensationsbegierigen Nachrichten in den Medien, aus
denen sich ergibt, dass die Welt schlecht ist und vorwiegend
aus Elend und Grausamkeiten besteht. Sie glauben an ihre
Schwächen und Unzulänglichkeiten, an ihre Fehler und Sün-
den, die ihnen von ihrer Umgebung eingeredet wurden.

Nur wer seine Gedanken und Gefühle, die ständig im Gehirn arbeiten, immer wieder beobachtet, wird auf seine Denk-Gefühls- und Verhaltensmuster aufmerksam und kann sich schließlich von ihnen befreien.

> *21. Wende dich an die wahren Meister, ob lebend oder schon verstorben. Sie haben Frieden und Stärke gefunden. Anderen beizustehen ist ihre Natur. Sie haben das Meer der Welt überwunden und helfen ohne Selbstsucht Anderen ebenfalls frei zu werden. So wie der Mond die Erde kühlt, wenn sie ausgedörrt ist durch die feurigen Strahlen der Sonne, zeigen sie den Weg von der Verirrung zum inneren Frieden.*

Bindung und (Er-) Lösung

22.   Der Schüler fragt:
Was bedeutet Bindung? Wie entsteht sie? Wie wird man von ihr befreit? Bitte gib mir eine Antwort!

Bindung bedeutet vergänglichen Erscheinungen wie Beziehungen, Besitz, Beruf, Erfolg und Misserfolg mehr Bedeutung beizumessen, als dem Ursprung von allem Sein. Dieser liegt jenseits der sichtbaren Welt. Er ist unvergänglich, voller Freude, Schönheit und Frieden. Für jemanden, der diese transzendente Welt – Shankara nennt sie Atman und Brahman – nicht erfahren hat, fühlt sich das physische und psychische Dasein schwierig und problematisch an.

Die Leichtigkeit des Seins kann erst dann gelebt werden, wenn die äußere Welt in ihrer relativen Bedeutung erkannt wird. Dann können wir sie als Spiel der Maya genießen, ohne von ihr abhängig zu sein. Dann muss nichts erkämpft werden um glücklich zu sein. Was uns zufällt nehmen wir dankbar an, was wir nicht haben, vermissen wir nicht.

23.   Der Meister spricht:
Keiner mag einen anderen befreien. Der Kranke erlangt Gesundheit nur wenn er selbst die Arznei nimmt und Diäten befolgt. Gesund wirst du nicht durch das Bemühen anderer.

Den einzig wirklich bedeutenden Schritt im Leben muss jeder Mensch selbst vollziehen. Er besteht darin über das Denken hinaus zu gehen und sich mit dem Raum jenseits von Worten zu verbinden. So wird das Ego-Ich, mit seinem an die Welt der Formen gebundenen Bewusstsein, überschritten.

Unser Denken ist vorwiegend damit beschäftigt, Erscheinungen, wie wir sie wahrnehmen, zu benennen, zu analysieren, sie zu etikettieren und sie als schlecht oder begehrenswert einzustufen.

Der Mind kann sehr nützlich zur Erledigung alltäglicher Aufgaben sein. Das analytische Denken ist jedoch nicht fähig, die Erscheinungen ganzheitlich zu erfassen. Es bleibt immer an der Oberfläche des Daseins.

Besonders deutlich sichtbar wird dies in der Begegnung zweier Menschen. Durch Denken und Bewerten erkennen wir nicht den anderen, sondern wir sind vorwiegend nur von unseren Denkmustern gesteuert, die wir auf den anderen projizieren. Unser Bild vom anderen ist gewöhnlich der Spiegel unserer Denkweise. Wir erblicken nur wie wir „über" den anderen denken, ohne eine tiefere geistige Verbindung einzugehen. Oft sind es nur ein paar Worte mit denen wir einen Menschen etikettieren: „Der/die ist unehrlich!", oder „Der/die ist ein Feind – der/die ist ein Freund!" – „Der/die ist ein guter Mensch/ein böser Mensch!"

> 24.   Die Wirklichkeit enthüllt sich deinen Augen nur, wenn du dafür bereit bist. Den Mond kann jeder nur mit eigenen Augen sehen. Die Ketten der Unwissenheit kann jeder selbst nur lösen. Nur du selbst kannst dich von den Früchten vergangener Handlungen befreien.

Nur in der Hingabe und inneren Stille können wir hinter die Fassade der Erscheinungen und hinter den Schleier unserer Bewertungen blicken.

> Womit soll ich Gott hören und sehen, da er über Natur und Kreatur ist?
> Wenn du stille schweigst, so bist du das, was Gott vor Natur und Kreatur war, woraus er deine Natur und

Kreatur machte. So hörst und siehst du es mit dem, womit Gott in dir hörte und sah, ehe dein eigen Willen zu hören und sehen anfing.

Jakob Boehme

25.   *Bildung, wohlgeformte Rede, Ansehen und äußere Erfolge mögen persönliche Befriedigung bringen. Doch sie bringen nicht Befreiung.*

26.   *Das Studium weisheitsvoller Bücher, all diese Bemühungen sind wertlos, solange nicht Atman und Brahman, das reine, von Inhalten befreite Bewusstsein, erfahren wird.*

27.   *Das Gewirr von Wissen und Worten gleicht einem dunklen, unwegsamen Wald, in dem Gedanken ziellos umher wandern. Daher sollte ein Mensch der Weisheit ernsthaft die wahre Natur seiner selbst studieren.*

Wissen gibt es im Überfluss. Weisheit ist Mangelware. Wissen bedeutet gedankliche Inhalte ansammeln. Zu viel Wissen, insbesondere belanglose Fernsehinfos, Zeitungswissen und dergleichen, versperrt den Weg zum Sein.

„Erkenne dich selbst!" ist eine uralte Einladung den Sinn und das Wesen unseres Lebens zu ergründen. Weshalb ist es schwer zu erkennen wer wir sind? Es liegt am Verstand, dem wir Menschen viel zu viel Macht und Vertrauen eingeräumt haben. Trotz aller wissenschaftlichen Fortschritte ist er sehr beschränkt. Er kann, wenn er aufrichtig ist, nur sagen: „Ich weiß, dass ich nichts weiß!" An dieser Tatsache hat sich, seit Sokrates diesen Spruch geprägt hat, nichts geändert. Wir wissen herzlich wenig über das unendlich weite Weltall mit seinen hundertausenden Galaxien. Selbst der menschliche Körper und Geist sind uns, trotz aller wissenschaftlichen Forschungen, nach wie vor große Rätsel. Wieso schlägt unser Herz ein Leben lang? Wie funktionieren Wachstum und Erneuerung unserer Zellen? Was ist die Lebenskraft in unserem Körper? Wie entstehen Gedanken und Gefühle? Woher kommen sie?

Wissen ist eine Seite des Lebens, Weisheit die andere. Wissen kann nützlich, aber auch belastend sein. Weisheit lässt dich erkennen wie Leid entsteht und wie du dich davon befreien kannst. Sie führt dich zur Schönheit und Fülle des Lebens.

Gedanken und Worte sind sinnvoll um uns leichter in der Welt der Formen zu orientieren. Sie sind unerlässlich um zu kommunizieren. Doch zugleich sollte uns bewusst sein, dass Worte immer nur ein schwacher Abglanz der Wirklichkeit sind. Du wirst zum Beispiel mit Worten nie das Wesen eines Menschen beschreiben können. Auf die Realität kann mit Worten nur hingedeutet werden. Worte sind vergleichbar mit dem Finger, der auf den Mond deutet. Der Finger ist nicht der Mond, doch er kann dich anregen den Mond wahrzunehmen.

Die Wahrheit ist dein innerstes Wesen. Die Wahrheit ist das immer gegenwärtige Sein, das sich von Stufe zu Stufe entfaltet und zugleich unvergänglich ist, weil es nicht dem weltlichen Werden und Vergehen unterliegt. Wissen braucht Worte. Die Wahrheit des Seins finden wir nur jenseits von Worten. Nur in stiller, liebevoller Hingabe offenbart sich das Geheimnis des Seins.

Die einzig wirksame Medizin

> 28.   Es gibt nur eine Medizin, wenn dich die Schlange der Unwissenheit gebissen hat. Es ist die Verwirklichung von Brahman. Was hilft dir die Kenntnis der Veden und anderer Schriften ohne diese Medizin? Auch Wundermittel, Trance, Mantras, Gebete und magische Rituale können dir nichts nützen.
>
> 29.   Ein Kranker wird nicht geheilt wenn er bloß den Namen der Medizin ausspricht ohne die Medizin einzunehmen. Ohne dich mit Brahman zu verbinden, nützt dir die Anrufung deines Gottes nichts.
>
> 30.   Bevor du nicht dein Bewusstsein von der Illusion der Welt befreit hast, kannst du nicht deine wahre Natur realisieren. Bis dahin verursacht das deklamieren des Wortes „Brahman" nur unnötigen Lärm.
>
> 31.   Ein im Boden verborgener Schatz kommt nicht hervor bloß wenn du ihn rufst. Dazu bedarf es einer guten Instruktion. Man muss graben, Steine und dergleichen entfernen um an ihn heran zu kommen. In gleicher Weise kann die reine Realität, verborgen durch die Auswirkung von Maya, nicht durch bloßes Wünschen herbeigerufen werden, sondern es bedarf der Reflexion und Meditation.

Du wirst nicht befreit, wenn du zwar von Gott sprichst, dir jedoch die direkte Erfahrung fehlt. Das ist nur Vergeudung von Worten. Allein stetige Achtsamkeit, Kontemplation und Meditation führen zum klaren Licht des Bewusstseins.

*32.   Deshalb sollte der Weise mit aller Kraft um Befrei-
ung von Bindungen ringen, so wie ein Kranker sich um
Gesundheit bemüht.*

Nicht-Anhaften, Gleichmut und Selbstlosigkeit

> *33. Die erste Stufe zur Befreiung besteht im*
> - *Nichtanhaften an Dingen, an Menschen und an Erfolgen aller Art.*
> - *Gleichmut, Geduld, Friedliebe und Selbstbeherrschung, wie sie in den Schriften beschrieben werden, bestimmen die nächste Stufe.*
> - *Die dritte Stufe bedeutet Handlungen, die dazu dienen selbstsüchtige Wünsche zu befriedigen, aufzugeben.*

Eine der Grundursachen, die Liebe verhindert und Leiden verursacht, ist das Anhaften an Dinge und Personen. Wenn uns etwas Freude bereitet, so wollen wir es festhalten und wiederholen. So beginnt Anhaften.

Beispielsweise wollen wir eine Person, in die wir verliebt sind, an uns binden, sie besitzen, sie möglichst für uns allein haben. Rasch sind wir fixiert auf Dinge und Personen, die wir vermeintlich unbedingt für unser Glück benötigen. Das Unglück folgt sodann, egal ob wir bekommen was wir wollen oder es nicht bekommen.

Bekommen wir nicht, was wir begehren, so sind wir deshalb unzufrieden. Erlangen wir das Angestrebte, so erkennen wir seine Nachteile. Haben wir was wir wollen, so drohen einerseits die Gewöhnung und andererseits der Verlust.

Im Begehren und Anhaften übersehen wir die Fülle und Schönheit des Seins, die in jedem Augenblick verborgen sind.

Befreiung erlangen wir auch nicht dadurch, dass wir die Freude an Dingen oder Personen aufgeben, dass wir zum Asketen werden. Nicht die Freude an Dingen oder an der Begegnung mit einer Person schafft das Übel, sondern die Einengung der Sicht, der Wiederholungszwang, die Einbildung: „Für ein Glück brauche ich unbedingt...!“, „Ich leide ohne...!“.

Anhaften bedeutet, dass selbst wenn noch so viele Bedürfnisse befriedigt sind, ein einziges unerfülltes Begehren dafür sorgt, dass wir vom Gefühl des Mangels, des Verlustes, der unerfüllten Sehnsucht geplagt werden und unglücklich sind. Und für den Mind wird es immer etwas geben, was fehlt, was er haben will.

Es gibt nur einen Weg der Befreiung vom Anhaften: Gelassenes Beobachten was in uns vorgeht! Wie in uns Anhaften entsteht, wie Verhaftet-Sein uns im Griff hat und uns quält. So schaffen wir Abstand und das Begehren löst sich auf.

Wie jeder aus Erfahrung weiß, ist es meist ziemlich sinnlos gegen ein Verlangen, eine Sucht anzukämpfen. Es bringt nichts, sich zu verurteilen, sich zu kasteien und zugleich Gedanken um Wünsche kreisen zu lassen.

Besser als Begehren und Ablehnung ist es mehr Bewusstsein für all das zu entwickeln, was uns das Leben täglich schenkt und dafür dankbar zu sein. Dankbarkeit öffnet die Augen für die Fülle und Vollkommenheit des Lebens.

Liebe und Dankbarkeit sind eins. Wenn wir alles lieben, wenn wir Liebe „sind“, dann kann uns nichts mehr fesseln. Wenn wir nichts von unserer Liebe ausnehmen, dann gibt es kein Anhaften an dem Einen und wegstoßen oder verachten des Anderen.

Du magst weiter liebevoll verbunden bleiben mit dem was dich in dieser Welt umgibt. Doch betrachte alle äußeren Erscheinungen, als Spiel der Maya, als Dinge, die kommen und vergehen.

Wer Herr seiner Sinne ist, wird frei von Anhaften und Abneigung. Wer einwärts schaut erlangt Erkenntnis. Dadurch erlischt aller Kummer und er erlangt den Frieden des Herzens.

Bhagavad Gita 2:64-65

Meditation ist dein wahres Wesen

34.   Die vierte, letzte und wichtigste Stufe bedeutet in den Atman durch lang anhaltende Meditation einzudringen. So erlangt der Weise den höchsten nichtdualen Zustand und wird die Glückseligkeit des Nirvana erlangen.

Meditation ist für viele Menschen etwas Fremdes, Schwieriges, wovon sie lieber Abstand halten. Der indische Weise Ramana Maharshi erklärt im Gegensatz dazu: „Meditation ist Ihr wahres Wesen! Sie nennen es Meditation, weil andere Gedanken Sie ablenken. Wenn diese nicht mehr da sind, bleiben Sie allein übrig."

Meditation beginnt mit Achtsamkeit. Du meditierst, wenn du auf alles achtest, was du im Augenblick außerhalb von dir und in dir wahrnimmst, ohne darüber nachzudenken. Durch Beobachtung verlieren zwanghafte Gedanken an Kraft und lösen sich schließlich auf. Zurück bleibt ein gelöster, befreiender Zustand von „Gewahr-Sein".

Meditation ist nicht nur eine Technik, die uns hilft ruhiger zu werden, bei uns einzukehren und letztlich Befreiung zu erlangen. Meditation, richtig verstanden, ist eine Lebensform.

Wer tagsüber vorwiegend gestresst ist, sich immer wieder über dies und jenes ärgert, sich Sorgen macht und hauptsächlich irgend welchen Ego-Zielen nacheilt, der wird mit einem abendlichen „Sitzen" (von japanisch Zazen: Za- = sitzen und Zen = Versenkung) nur mäßige Fortschritte machen. Unser Alltagsverhalten und Meditation können sich gegenseitig befruchten. „Sitzen" verändert das Leben im Alltag und umgekehrt hat die neue Qualität des Alltags eine starke Auswirkung auf die Tiefe der Meditation.

Achte also darauf wie dein Alltag verläuft. Achte auf das, was du willst und was du tust. Achte darauf ob du dich immer wieder in unnötigen Gedanken verlierst und kehre immer wieder zurück in den gegenwärtigen Augenblick. Nur im „Jetzt" kannst du wirklich leben und dich für das Sein öffnen.

Die Gedanken des „normalen" Menschen geistern vorwiegend in der Vergangenheit oder Zukunft herum. Das kann jeder rasch feststellen, wenn er den ständigen Gedankenstrom in sich beobachtet. Wir befinden uns dabei in toten gedanklichen Strukturen und versäumen die Tiefe und die Lebendigkeit des gegenwärtigen Seins.

Der Haifisch des Verlangens

35. Der Meister spricht:
Ich werde dir nun die Unterscheidung zwischen Atman
(reines Bewusstsein) und Nicht-Atman (Körper, Sinnes-
organe, Mind) erklären.

36. Der Körper des Menschen besteht aus fein- und
grobstofflichen Elementen wie Luft, Feuer, Wasser
und Erde. Durch die unterschiedliche Verbindung und
Zusammensetzung dieser Elemente entsteht der grob-
stoffliche Körper. Dieser besteht aus Substanzen wie
Knochen, Fleisch, Blut und Haut. Aus diesen wiederum
werden Kopf, Rumpf, Arme und Beine gebildet.

37. Durch die fünf Sinnesorgane erfahren wir Klang,
Berührung, Bilder, Geschmack und Geruch. Durch diese
Organe macht der Mensch seine Erfahrungen.

38. Der Unwissende ist mit seinem Bewusstsein ge-
bunden an die vergänglichen Gegenstände der Erfah-
rung. Äußere Dinge erwecken Begierden. Von diesen
Fesseln ist Erlösung nur schwer zu erlangen. Deshalb
ist der Unwissende seinem Karma ausgeliefert und
wird immer wieder da und dort geboren.

39. Die Wirkung der äußeren Dinge ist noch gefähr-
licher als das Gift der Kobra, denn die Erscheinungen
töten einen Menschen schon allein durch ihren Anblick.

40. Die Kenntnis der heiligen Schriften ist ohne Auflö-
sung der Anhaftungen wirkungslos. Nur der erlangt Be-
freiung, der das unselige Begehren von Sinnesobjekten
überwunden hat.

41.   Wer nicht frei ist von Verlangen kann das Meer dieser Welt nicht ohne Schaden überqueren. Der Haifisch der Begierde wird ihn unterwegs an der Kehle erfassen und unter Wasser ziehen.

42.   Wer hingegen den Haifisch des Verlangens nach sinnlichen Objekten mit dem Schwert der Leidenschaftslosigkeit getötet hat, überquert den Ozean des Werdens und Vergehens ohne große Schwierigkeiten.

43.   Folge dem Weg, den die Weisheitslehrer aufzeigen und deiner eigenen Einsicht. Übe die nektargleichen Eigenschaften von Zufriedenheit, Mitgefühl, Vergebung, Rechtschaffenheit, Ruhe und Beherrschung. So wirst du die Früchte der Weisheit ernten.

Der Körper – das Instrument der Erfahrung

> *44.   Der grobstoffliche Körper wird aus dem Karma des vorangegangenen Lebens geboren. Er dient dem Individuum als Instrument der Erfahrung. Durch ihn kann eine wache Person die materiellen Dinge wahrnehmen. Er dient als vorübergehender Aufenthaltsort.*

Der Körper ist eine Lernhilfe. Er dient als Bühne für den Mind.

Der Körper ist zudem ein wichtiges Tor zur Essenz des Menschen. Durch überflüssiges Denken entsteht eine Spaltung zwischen Mind und Körper. Wenn wir uns von unnötigem Denken befreien, wenn wir präsent sind, können wir uns mit der Energie, der Lebenskraft und der unendlichen Weisheit unseres Körpers verbinden. Im Yoga wird diese Verbindung bewusst hergestellt. Beobachtung des Atems und Kontrolle der Gedanken sind die Basis um tiefer in das Sein einzudringen.

Die Bedeutung des Körpers für eine spirituelle Entwicklung wird oft unterschätzt. Der Körper dient nicht nur für die Erfahrung der äußeren Welt, sondern auch für den Empfang geistiger Wahrheiten. Kontemplation und Meditation benötigen einen möglichst gesunden Körper. Wer seinen Körper durch mangelnde Bewegung, ungesunde und übermäßige Ernährung, Nikotin oder Alkoholmissbrauch beeinträchtigt, behindert seinen Zugang zur Realität. Deshalb sollte sich jeder um eine gesunde Lebensweise bemühen.

Die Gesundheit des Körpers wird vor allem durch die geistige Nahrung bestimmt. Gedanken lösen Gefühle aus. Diese wiederum spiegeln sich im Körper des Menschen. Alle Körperzellen reagieren auf freudige Gefühle und ebenso auf negative Gefühle wie Ärger, Hass, Sorgen, Begierde usw. Negative

Gedanken bewirken auf Dauer Erkrankungen des Körpers. Freudige Gedanken fördern die Gesundheit.

45.   *Geburt, Aufblühen, Verfall und Tod sind die Sta-dien, die der Körper durchläuft. Er entwickelt sich vom Kind- zum Erwachsen-Sein. Er erleidet diese oder jene Krankheit.*

Der mentale Körper

46.   Das innere Wesen des Körpers besteht aus vier Aspekten:

- *Aus dem Verstand (Manas). Mit diesem eng verbunden sind die Empfindungen. Durch das Denken erfolgt die Analyse und Einordnung von Wahrnehmungen.*
- *Neben dem Verstand gibt es die intuitive Intelligenz (Buddhi). Sie vermag die wirkliche Bedeutung eines Gegenstandes zu erkennen.*
- *Zum inneren Kern des Körpers zählt auch das Ego (Ahamkara). Es entsteht durch die Identifikation mit dem Körper, mit den Gedanken und Gefühlen.*
- *Der vierte Aspekt ist die Erinnerung (Citta). Sie ist wie ein großes Warenhaus in dem alle vergangenen Gedanken, Gefühle, Bilder und Erlebnisse aufgehoben sind.*

47.   Der mentale Körper (Mind), der von den äußeren Formen beherrscht wird, ist die Ursache dafür, dass die Seele immer wieder die Folgen vergangener Handlungen erfahren muss.

Je nachdem ob Situationen als unangenehm oder angenehm beurteilt werden, entstehen Ablehnung oder Verlangen. Aus der Identifikation mit dem Körper, mit Gedanken und Gefühlen entsteht das Ego-Gefühl. Es bildet sich ein unwirkliches Ich, welches das wahre Wesen des Menschen überdeckt.

Das Ego bezieht seine Identität vor allem aus der Vergangenheit. Gewöhnlich glauben wir das zu sein, was wir erlebt haben, was wir erreicht haben, was uns geschehen ist. Wir denken, wir sind die Geschichte von uns, wie wir sie im Gedächtnis bewahrt haben – was wir erlitten haben, wie gut wir waren, was wir erreicht haben, was in unserem Leben schief gelaufen ist.

Werden wir anerkannt und gelobt, so freut sich das Ego. Bei Missachtung, Verletzung, Beleidigung reagiert es mit Enttäuschung, Zorn, Selbstbedauern und dergleichen.

Jede Eigenschaft, jede Rolle, die wir spielen, jede unserer „Geschichten" aus der Vergangenheit, all das sind wir nicht. Wir sind das, was verbleibt wenn alle Identifikationen ihr Ende finden.

Das „Citta" entspricht dem Begriff des „Unterbewusstseins", wie er in der Psychologie verwendet wird. Dieses „Un-Bewusstsein" wirkt wie ein riesiger Speicher in dem alle Erfahrungen des Menschen aufbewahrt sind. Die Denk-, Gefühls- und Handlungs-Muster in diesem „Un-Bewusstsein" bestimmen das Karma des Menschen.

48. *Im Traumzustand wird das Unterbewusstsein mit seinen Erinnerungen wirksam. So entsteht eine eigene Traum-Welt. Im Traum wie im Wachzustand identifiziert sich das Bewusstsein mit den auftauchenden Bildern und Ereignissen.*

49. *Im traumlosen Schlaf ist der mentale Körper ausgeschaltet. Wie jeder feststellen kann, sind wir im tiefen Schlaf, wenn die Sinne und der Mind ruhen, der Seligkeit des Atman teilhaftig.*

Warum fühlen wir uns nach einem gesunden Schlaf wie neu geboren? Im Schlaf wird das pausenlose Denken, welches uns durch den Tag begleitet unterbrochen. Im Tiefschlaf denken wir nicht und dennoch ist da ein Ich, dass sich nach dem Aufwachen erinnert: „Es war schön, ich habe wunderbar geschlafen!"

Die Energie und Erholung welche wir aus dem Tiefschlaf schöpfen, resultiert aus dem Raum jenseits der Gedanken. Nur im Zustand des Nichtdenkens ist optimale Regeneration möglich. Im traumlosen Schlaf gibt es keine Gegenstände der Erfahrung und keine Gedanken. Frei von diesen Hindernissen erfahren wir im traumlosen Schlaf die Wohltat des Atman.

Denken ist für manche Zwecke notwendig und sinnvoll, beispielsweise um etwas zu analysieren, zu planen und zu organisieren. Doch um gute Entscheidungen zu treffen benötigen wir nicht nur den Verstand, sondern auch die innere Stille, die uns den Zugang zu unserer Intuition ermöglicht.

Circa 90 % unserer täglichen Gedanken sind jedoch wertlose Wiederholungen, die uns daran hindern frei und unbeschwert dem Augenblick zu begegnen. Sie sind vorwiegend mit Themen und Konflikten aus der Vergangenheit sowie mit Wünschen und Sorgen um die Zukunft beschäftigt. Diese Gedanken hindern uns daran im Hier und Jetzt glücklich zu sein.

50. Der mentale Körper ist das Werkzeug für alle Aktionen des Atman. Er nützt ihn wie ein Zimmermann die Axt verwendet. Doch das Selbst bleibt stets reines Bewusstsein. Kein Karma, geschaffen durch die ihn umgebenden Hüllen, kann es berühren.

51. Der Mind ist eine Reflexion des Lichts welches vom Atman ausgeht. Der Mind identifiziert sich mit dem Körper, mit den Wahrnehmungen, mit Gedanken und Gefühlen. Durch diese Identifikation entsteht das Gefühl der Individualität.

Die Ego-Persönlichkeit

> *52.   Das persönliche Ich ist glücklich, wenn seine Erfah-*
> *rungen angenehm sind und leidet unter Unerfreulichem.*
> *Freude und Schmerz gehören der Ego-Persönlichkeit an.*
> *Von ihnen wird der Atman nicht berührt. Er befindet sich*
> *immer im Zustand der nichtdualen Glückseligkeit.*

Das Ego entsteht durch die mentale Trennung des Menschen von seiner ursprünglichen All-Einheit. Ohne Verbindung zu seiner eigenen Essenz und damit auch ohne Zugang zum universellen Bewusstsein, fühlt sich das „kleine Ich" als unvollständiges und zerbrechliches Wesen. Deshalb ist das Ego, meist unbewusst, ständig bestrebt seine besondere Wichtigkeit unter Beweis zu stellen. Es vergleicht sich mit anderen und leidet, wenn es vermeint weniger zu besitzen, weniger schön oder weniger erfolgreich zu sein.

Es versucht sich bei jeder Gelegenheit aufzublasen und will von anderen in seiner Existenz bestätigt werden. Über andere negativ zu denken und zu reden gibt ihm das Gefühl selbst wertvoll zu „sein".

Schneidet das kleine Ich im Vergleich mit anderen seiner Meinung nach nicht gut genug ab, so versucht es sich wenigstens dadurch zu bestätigen, dass es sich bedauert. Stets sind dabei äußere Ursachen für sein Unglück verantwortlich. Deshalb reden manche gerne davon, wie schlecht es ihnen geht, welche Krankheiten sie haben, was sie alles mitgemacht haben, wie gemein die Menschen sind…

Das Ego liebt Dramen. Es will nicht, dass das Leben so einfach ist, wie es im Grunde ist. Durch Dramen fühlt sich das Ego im Mittelpunkt des Geschehens. Es ist wichtig, es leidet, es kämpft. Es kämpft für seine Wünsche, für seine Positionen.

Es bedeutet ihm viel gescheiter als andere zu sein, alles besser zu wissen, Recht zu haben.

Das Ego ist ständig damit beschäftigt Probleme zu überwinden, die es im Grunde selbst geschaffen hat. Unbewusst liebt es jede Art von Sorgen und Probleme. Denn es bezieht daraus seine Identität. Angst und Kampf geben ihm Inhalt. Würde es die Schönheit und Leichtigkeit des Daseins erkennen, so würde es sich selbst auflösen. Das ist für das Ego keine beruhigende Vorstellung. Lieber ist ihm, wenn es sich mit einer nie endende Kette von Schwierigkeiten herumschlagen kann. Verlangen, Neid, Hass, Ängste und Sorgen begleiten diesen Prozess. Diese Sisyphusarbeit hat kein Ende. Es gibt immer wieder neue Dinge oder Ereignisse, die das Ego stören und der von ihm erträumte Idealzustand wird niemals Wirklichkeit.

Sogar das Bestreben „spirituell" zu sein kann dem Ego dienen. Manche träumen von Erleuchtung, weil sie unbewusst hoffen damit ihrem „Ich" die Krone aufzusetzen.

> 53. Die Wahrnehmungen welche durch die Sinne erfolgen, sind nicht für die Sinnesorgane von Bedeutung, sondern sie dienen dem Atman. Das Selbst ist der größte Schatz von allem und ist immer voller Seligkeit. Leiden wird nur vom Ego-Ich verursacht und erfahren.

Maya die große Illusion

> 54.   Die Göttin Maya symbolisiert die Kraft, die allen Erscheinungen zugrunde liegt. Maya gebiert das ganze Weltall.

> 55.   Maya wird auch die große Illusion genannt. Sie hat keinen Anfang und wirkt jenseits aller Wahrnehmungen. Sie besteht aus den drei Gunas. Durch weisheitsvolle Beobachtung der Gunas kannst du die Kräfte der Maya erkennen.

Das universale Bewusstsein, Gott oder Brahman genannt, spielt ein seltsames Spiel. Es schenkt dem Menschen den Mind, bestehend aus Gedanken, Gefühlen und Erinnerungen. Dieser Mind verirrt sich durch den Einfluss der Maya in Illusionen.

Der Mensch glaubt durch seine Sinnesorgane in Verbindung mit seinem Verstand die Welt wahrzunehmen wie sie „wirklich" ist. Das ist die große Täuschung.

- Diese zeigt sich schon darin, dass unsere Sinnesorgane nur wahrnehmen wofür sie geeignet sind. Eine Fledermaus beispielsweise, nimmt durch Ultraschallwellen, die sie aussendet und deren Reflexion sie empfängt, die Umwelt ganz anders wahr als der Mensch. Wir sehen nur einen kleinen Ausschnitt der Welt.
- Für unsere Sinne gibt es eine feste, flüssige oder gasförmige Materie. Wie die Atom-Wissenschaft bestätigt, besteht all diese Materie nur aus energievoller Schwingung. Diese Energie verändert sich laufend. Die Formen kommen und vergehen. Das ist das Spiel der Maya.
- Der Mensch registriert von hunderttausenden Sinnes-Eindrücken nur das, worauf er programmiert ist und was ihn interessiert. Eine Frau sieht in einer Straße mit

vielen Geschäften und Auslagen ganz andere Dinge als ein Mann.

- Jede Wahrnehmung wird von unserem Mind sofort analysiert, etikettiert und in unser Denk- und Gefühlsschema eingeordnet. Der Mind funktioniert entsprechend seinen Denk-, Gefühls- und Beurteilungsmuster. Wir erkennen daher die Welt nicht wie sie ist, sondern wie wir sie beurteilen.
- Der gewöhnliche Mensch hat nur den Zugang zur sinnlich wahrnehmbaren Welt. Er sieht nicht die Dimension jenseits der Gedanken. Dadurch hat er eine sehr eingeschränkte und verzerrte Perspektive. Das ist die Ursache seiner Probleme.

56. Maya ist weder Sein noch Nicht-Sein, noch hat sie Teil an beiden. Sie ist weder geteilt noch ungeteilt, noch eine Mischung von beiden. Sie ist höchst wundersam. Ihr Charakter ist schwer zu beschreiben.

57. Durch die Erfahrung von Brahman, des Einen ohne ein Zweites, kann man das Spiel der Maya durchschauen.

58. Die drei Gunas durch die sich die Maya offenbart, werden Rajas, Tamas und Sattva genannt. Sie haben unterschiedliche Eigenschaften.

Die Kräfte der Maya wirken für den Mind wie ein Kaleidoskop. Es ist dies ein Rohr, welches durch mehrere eingebaute Spiegel für den, der durch das Rohr blickt, Gegenstände stark verändert erscheinen lässt. Die Spiegel im Kaleidoskop sind vergleichbar mit den drei Gunas – Rajas, Tamas und Sattva. Die drei Gunas sind die Kräfte durch welche die Maya wirkt. Je nachdem wie die drei Gunas zusammenwirken entsteht ein anderes Bild von der Welt.

Was wir als die „objektive Welt" erachten gleicht einer Fata Morgana. Ihre Luftspiegelung existiert, zugleich aber täuscht sie etwas vor. Wie jeder weiß kann niemand seinen Durst an einer Fata Morgana stillen.

> *59.   Die Natur von Rajas ist Tätigkeit. Durch seine Kraft beginnt sich die Welt zu entfalten. Durch Rajas werden fortlaufend Bindung, Begierde und mentale Zustände, wie Kummer und Leid hervorgebracht.*
>
> *60.   Lust, Zorn, Geiz, Hochmut, Selbstsucht, Gier, Neid, Eifersucht und andere solche Schwächen resultieren aus Rajas. Es sind Eigenschaften, die mit den weltlichen Neigungen der Menschen zusammen hängen. Sie prägen das Ego und sind die Ursache für die Verstrickung in die Welt der Formen.*

Lebhaftes Ego-Denken verursacht starke Emotionen. Diese treiben Ablehnung und Begehren voran. Diese wiederum verstärken die Emotionen. Aus dieser Spirale entstehen Begehren, Leidenschaft, Hass, Gier und Leid.

> *61.   Unwissenheit, Trägheit, Dummheit und Unachtsamkeit sind die Auswirkungen von Tamas. Wer darin gefangen ist, befindet sich auch im Wachen in einer Art Traumzustand.*
>
> *62.   Durch die Macht von Tamas entsteht ein Schleier der die Wirklichkeit überdeckt. Es ist die Macht von Tamas, welche die Dinge anders erscheinen lässt, als sie sind. Durch Tamas bekommt Rajas freie Bahn. Unwissenheit und Dumpfheit ist auch die Ursache der wiederholten Seelenwanderung.*

Auch wenn alle unsere Handlungen zur Illusion der Maya gehören, so sind sie für die duale Ebene nicht bedeutungslos. Sie unterliegen dem Gesetz von Ursache und Wirkung, wie es überall in der Welt der Formen beobachtet werden kann. In weiterer Folge bewirken sie unser Karma. Das heißt gute Handlungen bewirken gutes Schicksal. Ebenso fallen eigensüchtige, lieblose Handlungen auf den Verursacher zurück.

> *63. Auch kluge und gelehrte Männer werden von Dumpfheit überwältigt. Sie verstehen nicht den Atman. Sie betrachten die Täuschungen als wahr, und lassen sich von ihnen verleiten. Fürwahr mächtig ist die unglückselige Wirkung von Tamas!*

Der Mind schafft die Probleme

> 64.   Verwirrung und mangelndes Urteilsvermögen be-
> gleiten denjenigen der in der Illusion gefangen ist. Zwei-
> fel plagen ihn. Ständig ist er in Schwierigkeiten verwi-
> ckelt, die aus eigenen Projektionen stammen.

Der unerwachte Mensch glaubt, dass seine Schwierigkeiten
außerhalb von ihm selbst objektiv existieren. Wer genau hin-
schaut, erkennt, dass sie alle Projektionen des eigenen Minds
sind.

In der totalen Präsenz gibt es keine Schwierigkeiten. Das kann
jeder sofort feststellen indem er prüft: „Welches Problem habe
ich JETZT, in diesem Augenblick?" In der totalen Gegenwärtigkeit, wenn wir nicht an das Gestern oder Morgen denken,
sind wir frei von Problemen und Sorgen. Es gibt vielleicht
Aufgaben und Herausforderungen, die es zu lösen gilt. Diese
können „step by step" behandelt werden und zwar immer nur
im „Hier und Jetzt". Wenn wir uns vom Verstand lösen, der
die Probleme verursacht, bekommen wir aus der Dimension
jenseits der Maya immer die richtige Intuition um den Aufgaben der äußeren Welt zu entsprechen.

Innere Konflikte entstehen insbesondere durch Bewertungen
von Situationen, zum Beispiel durch Gedanken wie: „Das ist
schrecklich!" oder „Das sollte nicht sein!" oder „Wie schaff ich
das nur, das ist ja so schwierig!"

Wer Herr seiner Gedanken ist prüft seine Aufgaben: „Was soll
ich tun, was kann ich tun?" Soweit er sich berufen fühlt zu
handeln, entspricht er so gut es geht den Anforderungen. Er
vertraut immer auf die Vollkommenheit des Seins, ganz gleich
was geschieht. Er vertraut stets darauf: „Das Schicksal macht
keine Fehler!"

Jesus: Kauft man nicht zwei Sperlinge um einen Pfennig? Dennoch fällt von ihnen keiner auf die Erde ohne euren Vater.
Nun aber sind sogar alle eure Haare auf eurem Haupte gezählt.
So fürchtet euch nicht; denn ihr seid mehr wert als viele Sperlinge!

Matthäus 10:29-31

Sattva der Spiegel des Atman

> 65.   Das reine Sattva ist klar wie Wasser. Doch getrübt durch Rajas und Tamas führt es dennoch zur Seelenwanderung. Wie die Sonne die ganze Welt erhellt, so lässt Sattva die Natur des Atman aufleuchten.
>
> 66.   Sattva erscheint als Mitgefühl, Bescheidenheit, Beherrschung, Wahrheitsliebe sowie als Vertrauen, Hingabe und Sehnsucht nach Befreiung. Sattva bewirkt spirituelle Neigungen und Loslösung von Verhaftung.
>
> 67.   Die Kennzeichen des reinen Sattva sind Heiterkeit, die Realisierung des eigenen Selbst, höchster Frieden, Harmonie, Zufriedenheit und stetige Hingabe an den Atman.

Unser Denken beschränkt unsere Identität auf eine sehr kleine, unbedeutende, vergängliche, ängstliche und doch irgendwie so wichtige Person. Tief in uns ahnt allerdings jeder die unermessliche und unerschöpfliche Weite seines Daseins. Und jeder trägt in sich die starke Sehnsucht, das zu erkennen und das zu leben was er wirklich ist.

Das Universum lässt uns nicht alleine mit unseren Schwierigkeiten und mit der durch die Maya hervorgerufenen Verwirrung. Wir sind nicht hilflos Rajas und Tamas ausgeliefert. Durch Sattva (Einsicht, Klarsicht, Intuition) haben wir immer die Möglichkeit die Fesseln des Egos und der Maya abzulegen.

> 68.   Wir erkennen den Körper, die vitalen Energien, die Sinne, das Denken und Fühlen, das Ego und all die Formen und Objekte der Wahrnehmung. Doch all das ist nicht das wirkliche Wesen des Menschen. Alle diese Lebensformen sind vergänglich.

Die Formen der Welt sind nicht getrennt von Brahman. In ihnen spiegeln sich, für uns mehr oder minder deutlich sichtbar, die Schönheit und die Freude des reinen Bewusstseins. Besonders gut können wir dies in der Natur, in Kristallen, Blumen, Bäumen oder Tieren erkennen. Auch kleine Kinder zeigen noch die Verbundenheit mit der Leichtigkeit des Seins. Doch wenn der Mensch heranwächst, verwickelt er sich immer mehr in sein Denken, in seine Probleme und verliert die Unschuld der Kindheit. Durch mangelndes Vertrauen in das Sein, durch Ängste und Sorgen verhärtet er immer mehr. So kann sein Wesenskern, der Atman nur schwer durch seine äußeren Schalen hindurch leuchten.

Diese Erstarrung, verursacht durch den magischen Eindruck der äußeren Erscheinungen, gilt es wieder aufzuheben. Jesus meint dazu: *„Wahrlich ich sage euch: Es sei denn, dass ihr umkehret und werdet wie die Kinder, so werdet ihr nicht ins Himmelreich kommen."* (Matthäus 18,3)

Ohne auf unsere Intelligenz und Lebenserfahrung verzichten zu müssen, können wir in den Tag hineingehen wie ein Kind, das sich im Winter über den ersten Schnee freut und mit Hingabe Schneeflocken, die vom Himmel fallen, auffängt und sie staunend betrachtet. Wir können ganz an den Augenblick hingegeben sein, wie ein Kind, das die Samen einer Löwenzahnblume in die weite Welt hinauspustet. Wir können unser Herz jeden Tag ganz weit machen, um das in uns aufzunehmen, was der neue Tag uns schenken will. Wir brauchen nicht so fortzuleben, wie wir es bisher getan haben. Jeder Tag bietet tausend Möglichkeiten am wunderbaren Spiel des Lebens mit Freude Teil zu haben.

Die Voraussetzung dazu ist die Fähigkeit das intellektuelle, analytische, zweckorientierte Denken dann einzustellen, wenn wir es nicht brauchen.

Der Atman ist ewiges, bewusstes Sein

> *69. Der Meister spricht:*
> *Nun werde ich dich in das Wesen des höchsten Selbst,*
> *des reinen Bewusstseins, einweihen. Wenn du dieses*
> *verwirklichst, dann bist du frei von deinen Fesseln und*
> *erlangst Erfüllung.*

Die Frage nach der eigenen Identität kann nicht mit dem beschränkten Verstand beantwortet werden. Wie aufgezeigt, können Gedanken dazu nur unzulängliche Aussagen machen. Das wahre, unvergängliche Selbst kann lediglich in der Tiefe des Seins, in der Stille jenseits von Worten gefunden werden.

Jeder kann sich mit seinem Atman, mit dem reinen, von Inhalten befreiten, Bewusstsein verbinden. Du musst dazu nicht gelehrt oder besonders intelligent sein. Vertraue auf deine innere Stimme. So wirst du sicher ans Ziel gelangen.

Der Weg zum Ziel ist kein wirklicher Weg und das Ziel ist kein wirkliches Ziel, denn du bist schon das, wonach du dich im Innersten sehnst. Du bist nichts anderes als der Atman. Du musst nichts tun um das zu sein, was du bist. Du musst nur das aufgeben, was du nicht bist.

> *Du brauchst nach Gott nicht schrein!*
> *Der Brunnquell ist in dir:*
> *Stopfst du den Ausgang nicht,*
> *er flösse für und für.*
>
> Angelus Silesius

> *70. Der Atman ist die absolute Wirklichkeit, die Es-*
> *senz des Bewusstseins. Er ist eine aus sich selbst her-*
> *vorgehende, anfang- und zeitlose Wirklichkeit. Er bildet*

die Grundlage unseres Ich-Bewusstseins. Er ist der Zuschauer der Tätigkeiten des Körpers, der Sinnesorgane und der Lebensenergie. Er beobachtet die Bewegungen des Mind.

71.   Der Atman ist Zeuge von allem, was geschieht im Wachzustand, im Traum und im Tiefschlaf.

Es erleichtert das Aufwachen aus der Illusion der Formen, wenn wir uns so oft wie möglich bewusst machen: „Ich bin nicht die Wahrnehmungen, ich bin nicht die Gedanken, die Gefühle!" „Ich bin der neutrale, gelassene Beobachter!" Verbinde dich im Bewusstsein immer wieder mit dem „Beobachter" der Vorgänge um dich und in deinem Mind! Unterscheide den Beobachter von den Inhalten der Beobachtung!

Der Beobachter ist und war immer da. Alle Erinnerungen sind nur möglich, weil ihre Inhalte von ihm registriert wurden. Doch der gewöhnliche Mensch nimmt den Beobachter, sein Selbst, deshalb nicht wahr, weil er sich an die Inhalte seiner Beobachtung verliert.

72.   Der Atman ist reines bewusstes Sein. Er ist derjenige, der alles beobachten kann. Doch er kann von niemand außer von sich selbst betrachtet werden. Der Atman begründet und erhellt die Erkenntniskraft. Doch er benötigt kein fremdes Licht.

73.   Die Welt der Erscheinungen wird von seiner Wirklichkeit durchdrungen. Sie erstrahlt im Widerschein seines Lichts.

Wir sollten die Welt der Erscheinungen nicht gering schätzen oder gar verachten. Wenn wir das Licht, den Geist hinter der Welt der Formen in unsere Wahrnehmung einbeziehen, dann erst können wir das Vergängliche richtig würdigen. Dann erkennen wir den Wert und die Bedeutung der Formen. Dann können wir uns an ihnen erfreuen, ohne von ihnen abhängig zu sein.

> *74. Der Atman belebt alle Zellen und Funktionen des Körpers. Er ermöglicht unser Denken, Fühlen und Wollen.*

> *75. Sein Wesen ist ewiges, bewusstes Sein. Alle Erscheinungen können auf ihn zurück geführt werden.*

> *76. Der Atman ist das innerste Selbst. Seine Essenz ist die unendliche Glückseligkeit. Er ist unveränderliches, reines Bewusstsein. Von ihm werden alle Funktionen des Körpers gesteuert.*

> *77. Das Licht des Atman wirkt im Körper und erleuchtet den Geist des Sattva. Er inspiriert das Denken. Das ganze Universum erfährt durch ihn seinen Glanz.*

Die meisten Menschen vertrauen nicht ihrem Selbst. Sie vertrauen nicht der Weisheit und Fülle des Seins. Deshalb fürchten sie (meist unbewusst), dass irgendetwas zukünftig schief gehen könnte, dass sie nicht genug Kraft und Glück haben um ihre Aufgaben erfolgreich zu bewältigen.

Im Bereich der äußeren Formen haben negative Gedanken starke Auswirkungen. Sie schwächen die mentalen Kräfte des Menschen. Man nennt es das Resonanzgesetz welches dafür sorgt, dass Ängste das Befürchtete anziehen. Ebenso sorgt Misstrauen dafür, dass wir enttäuscht werden. Lieblosigkeit und Streitlust rufen Konflikte herbei. Vertrauen ins Leben sorgt für Fülle auf unseren Wegen. Wer Liebe ausstrahlt begegnet der Liebe. Schönheit im Herzen erfährt die Schönheit in der Welt.

Deshalb ist es wichtig sich an jedem Abend, an jedem Morgen und vor jeder Aufgabe mit der Vollkommenheit des Seins mental zu verbinden. Nur so können wir mit Leichtigkeit, glücklich und erfolgreich unseren Weg gehen. Und auf diese Weise werden wir selbst zu einer Quelle der Freude und Zuversicht für andere Menschen.

> 78. *Der Atman steuert die Lebens-Funktionen des Körpers. Er ist die Quelle des Mind. Er ist die Basis des Ego-Ich. Doch er wird weder vom Körper, noch vom Mind, noch vom Ego im Geringsten beeinflusst.*
>
> 79. *Er ist weder geboren noch stirbt er. Er wächst nicht und zerfällt nicht. Wie die Luft in einem Gefäß, welches zerbrochen wird nicht aufhört zu existieren, so bleibt der Atman vom Tod des Körpers unberührt.*
>
> 80. *Der Atman beleuchtet alles, das Reale und Unreale, ohne sich selbst dabei zu verändern. Er wirkt in allen Zuständen des Bewusstseins als das Grundgefühl „Ich bin". Er ist der Zeuge von allem Geschehen.*

Reinigung der Gedanken

> *81.   Durch Reinigung und Beherrschung der Gedanken und Gefühle kann man das Selbst unmittelbar in sich erfahren. Dadurch wird das uferlose Meer des Werdens und Vergehens, dessen Wellen Geburt und Tod, Lust und Leiden sind, überquert. Gesegnet ist, wer auf diese Weise die eigene Essenz als identisch mit Brahman erfährt.*

Der Mind wird gequält durch Ungeduld, Ärger, Verlangen, Sorgen und Ängste. Diese tief in der Seele des Menschen verankerten Regungen können nicht ohne weiteres abgelegt werden. Es nützt auch nicht sie zu bekämpfen. Dadurch gewinnen sie nur an Kraft. Schuld- und Versagens-Gefühle sind die Folge. Du kannst dich nicht zwingen gut und liebevoll zu sein. Das ist auch gar nicht notwendig. Denn im Seelengrunde IST jeder Mensch ein vollkommenes Wesen, ein Liebender.

Nur Licht kann Dunkelheit vertreiben. Bewusstwerdung ist die einzige Rettung! Unbewusste Emotionen bestimmen dein Wohl- oder Unwohlbefinden. Lerne deine Emotionen immer wieder, bei jeder Gelegenheit, aufmerksam zu beobachten, ohne sie als gut oder schlecht zu beurteilen. Dann werden sich Schwächen wie Verletztheit, Selbstbedauern, Verzweiflung, Groll, Wut, Zorn, Eifersucht, Begierde wie von selbst auflösen.

Unwissenheit verschleiert das Selbst

82.   *Durch Unwissenheit identifiziert der Mensch sich mit seinem Körper und versucht fortwährend diesen mit angenehmen Dingen und Erfahrungen zu erfreuen. Durch Identifikation mit Dingen, die nicht das Selbst sind, entsteht Unfreiheit. Die Sinnesobjekte binden den Menschen wie die Fäden welche die Raupe in den Kokon einbinden. Die Folgen sind der Kreislauf von Geburt und Tod.*

83.   *Wer von Unwissenheit geprägt ist, bewertet die Dinge falsch. Er hält eine Schlange für einen Strick. Dadurch gerät er in große Gefahr. Er hält vergängliche Formen für die Wirklichkeit und wird deshalb von diesen gefesselt.*

84.   *Das Selbst ist unsichtbar, ewig und die einzige Realität. Durch Unwissenheit wird das Selbst verdeckt, so wie die Sonne sich verfinstert, wenn sich der Mond davor schiebt.*

85.   *Wenn der Atman mit seiner reinen Leuchtkraft verborgen ist, beginnt die Identifikation mit dem Nicht-Selbst. Dann entfaltet Rajas seine Kraft. So werden trügerische Formen von Gedanken und Gefühlen auf die Leinwand des Selbst projiziert. Dadurch entstehen die Fesseln von Begehren, Ärger und andere Leidenschaften.*

Samsara der Kreislauf von Werden und Vergehen

> 86.   Wenn ein Mensch vom großen Haifisch der Unwissenheit verschlugen wird, treibt er nach oben und unten im grenzenlosen Ozean des Samsara. Welch trauriges Schicksal!

Das Sanskritwort „Samsara" bedeutet „ständiges Wandern". Nach den Vorstellungen im Hinduismus und Buddhismus muss die Seele solange den Kreislauf von Werden und Vergehen mitmachen, bis sie sich aus der Verstrickung in die äußere Welt befreit und sich mit ihrem wahren Selbst vereint.

In einem gewissen Sinn bedeutet jedes morgendliche Erwachen eine Reinkarnation. Wieder schlüpfen wir in unseren Körper, wieder aktivieren wir unsere Gedanken-, Gefühls- und Verhaltensmuster. Wieder aktivieren wir altes Karma und begründen neues. Nur durch achtsames Beobachten unserer inneren Muster können wir aus diesem Hamsterrad aussteigen.

> 87.   So wie die Sonne durch Wolken, die sie selbst durch ihre Strahlen hervorgerufen hat, verdeckt wird, so verbirgt das Ego-Bewusstsein, welches mit Hilfe der Kraft der Maya entstanden ist, das ursprüngliche Selbst.

> 88.   Wenn der Atman durch Unwissenheit nicht mehr präsent ist, so gleicht dies einem Schlechtwettertag an dem die Sonne durch dicke Wolken verdeckt wird und stürmische Winde wüten. Der Mensch wird sodann wie eine Wolke durch heftige Turbulenzen gebeutelt.

Du bist Sat–Chit–Ananda

> *89.   Die Bindung an das Nicht-Selbst entspringt der Unwissenheit die ohne Anfang und Ende ist. Sie führt zur langen Folge von Geburt, Heranwachsen, Krankheit, Gebrechlichkeit und Tod.*
>
> *90.   Diese Bindung kann nicht durch Waffen, nicht durch Sturm oder Feuer noch durch Millionen Handlungen zerstört werden. Nur das wunderbare Schwert der Erkenntnis von Vergänglichem und Unvergänglichem bringt Erlösung. Dieses Schwert wird von Brahman geschenkt.*

Bindung entsteht vorwiegend durch die Ablehnung des „Jetzt" wie es ist. Der Mensch macht durch seine Sinnesorgane laufend Erfahrungen, die er mit seinem Denken als gut und schlecht, als angenehm und unangenehm interpretiert. Er haftet an angenehmen Erfahrungen und lehnt sich auf gegen die unangenehmen. Durch sein Ego gezwungen erklärt er fortlaufend: „Das gefällt mir! Das gefällt mir nicht!" Doch dabei lässt es das Ego nicht bewenden. Durch Tamas verwirrt und durch Rajas angefeuert, sucht das Ego für sich immer wieder nach Dingen, Menschen und Ereignissen, die ihm gefallen könnten und bemüht sich in einem Kampf, der nie endet, dem Unangenehmen zu entgehen. So eilt der Mensch ständig irgend welchen Wünschen, Hoffnungen und Zielen nach.

Tamas sorgt dafür, dass die äußeren Formen nicht als Spiel der göttlichen Maya erkannt werden. Die Situationen denen der Mensch begegnet, sind wie sie sind. Können wir ihnen ohne Ablehnung oder Anhaften begegnen, so bleiben wir frei und bilden kein neues Karma.

Alle Konflikte entstehen durch unnötige Bewertung und Ablehnung. Wer gelassen das Sein so annehmen kann wie es sich gegenwärtig präsentiert, hat keine psychischen Schwierigkeiten. Es gibt vielleicht dies oder jenes zu tun, doch das befreite Ich macht daraus kein Problem. Warum aus einer Situation ein Drama machen? Für denjenigen, der mit dem Atman verbunden ist, kommen alle Lösungen von anstehenden Aufgaben wie von selbst. Sich einer Aufgabe hinzugeben, die das Leben an ihn heranträgt bereitet ihm Freude.

91. Wenn die Identifikation mit dem Körper, den Gedanken und mit allen anderen Formen aufgelöst wird, enthüllt der Atman sich in seiner reinen Essenz als ungetrübte und ewige Glückseligkeit.

92. Durch Unterscheidung zwischen dem wahren Selbst und dem Nicht-Selbst erlangt der Mensch die volle Freude. Er erkennt sich als Sat–Chit–Ananda (Sein, Bewusstsein und Glückseligkeit).

Sat–Chit–Ananda ist die „Beschreibung" des eigentlich unbeschreibbaren Brahman in den alten indischen Schriften. Soweit sich der Mensch seiner Einheit mit Brahman „erinnert" genießt er „Sein, bewusstes Sein und Glückseligkeit".

93. Wer seine wahre Natur als unberührt von allem Geschehen erkennt, ist frei und ruht in sich selbst.

Der Körper ist vergänglich

94.   Die Natur des Körpers ist vergänglich. Seine Lebendigkeit ist nur eine Widerspiegelung des Atman. Du kannst den Körper beobachten, doch du bist nicht der Körper.

95.   Der menschliche Körper lebt von Ernährung und stirbt ohne diese. Er ist eine Ansammlung von verschiedenen Substanzen und kann deshalb keinesfalls der ewige, reine und aus sich heraus existierende Atman sein.

96.   Der Körper erscheint auf der Erde nur für kurze Zeit. Er existiert weder vor seiner Geburt noch nach seinem Tod. Seine Fähigkeiten sind vergänglich und er verändert sich fortlaufend. Er kann Gegenstand einer Beobachtung sein. Deshalb kann er nicht das eigene Selbst sein, das der Zeuge aller vergänglichen Formen ist.

97.   Der Körper besteht aus verschiedenen Teilen, wie Rumpf, Arme und Beine. Er kann auch weiterleben, wenn verschiedene Teile von ihm verloren gehen. Er wird durch fremde Kräfte bestimmt und kann daher nicht eine eigenständige Rolle spielen. Deshalb kann er nicht das Selbst sein.

Der unbeteiligte Zeuge

> *98.	Der Atman als die ewig verbleibende Realität ist verschieden vom Körper, von seinen Aktivitäten, seinen Eigenschaften und Zuständen. Er ist der Zeuge und Beobachter. Das steht außer Zweifel..*

Im reinen Gewahr-Sein begegnen wir dem Selbst. Wir sind nicht der Körper. Wir sind nicht einmal „unsere Gedanken", „unsere Gefühle" und ebenso wenig „unsere Handlungen". Sie sind nur vergängliche Äußerungen der Maya. Doch sie gehören ebenso zum universellen Bewusstsein wie wir selbst und alles andere in der geistigen und physischen Welt.

Wir sind der unbeteiligte Zeuge aller Erscheinungen. Wir sind nicht die vergänglichen Geschehnisse, sondern deren Beobachter.

Wenn alle Identifikationen des Bewusstseins mit irgendetwas enden, bleibt nur mehr der Beobachter zurück. Der Beobachter hat keinen Inhalt. Er ist nicht dies oder das, sondern derjenige, der die Inhalte wahrnimmt.

Für den Beobachter wird das Leben nie langweilig. Denn er sieht nicht nur die Oberfläche der Erscheinungen, sondern zugleich den Raum, die Dimension dahinter.

Der Beobachter sieht die Bewegungen des Mind, die Gedanken und Gefühle. Allein dadurch, dass er sie beobachtet verwandeln sie sich. Negative Gedanken und Gefühle lösen sich auf.

Der Beobachter ist dein ewiger Wesenskern. Er ist höchste Freude und Liebe. Wer sich seiner bewusst wird, beschenkt damit sich und die Welt.

Hab keine Sorge! Der unbeteiligte Zeuge hört nicht auf menschliche Gefühle zu haben. Doch diese bekommen eine andere

Qualität. Er ist nicht mehr in die Leiden, die sich aus seinem eigenen Ego und dem Ego anderer ergeben, verstrickt. Er kann sich an allen kleinen und großen Schönheiten der Welt erfreuen, doch er ist nicht mehr süchtig und hörig gegenüber Personen, Dingen und Ereignissen. Er ist zu großem Mitgefühl fähig, doch er leidet nicht weil andere leiden.

99.   Der Narr denkt „Ich bin der Körper", der Gebildete meint „Ich bin sowohl Körper als auch Seele". Der Weise hingegen, hat durch Unterscheidung erkannt: „Ich bin Brahman".

100. Identifikation mit vergänglichen Formen allein ist die Wurzel des Leids. Diese gilt es zu zerstören. Wenn die irrtümliche Identifikation aufgehoben ist, so endet alles Leid.

Der Mind kann binden und befreien

101. Der Mind bildet gemeinsam mit den Organen der Wahrnehmung eine Hülle um den Atman. Durch ihn entsteht das Gefühl von "Ich" und "mein...".

102. Der Mind ist sehr wirkungsvoll. Er unterscheidet die Dinge der Wahrnehmung und gibt ihnen Namen.

103. Das Nichtwissen entfaltet sich im Mind. Denn das Denken ist sehr beschränkt. Unwissenheit ist die Ursache für die Bindung an Werden und Vergehen.

104. Wenn das Denken vorherrscht, entsteht die Welt der Formen. Wenn hingegen ein Mensch inspiriert durch den Atman über das Denken hinausgeht, so löst sich für ihn die Illusion der Welt auf.

Kollektive Denkmuster bestimmen das Denken der Völker und Kulturen. Dadurch entsteht für den Einzelnen die Überzeugung: Wenn alle so über die Welt denken wie ich, so wird mein Denken wohl seine Richtigkeit haben. Doch in Wirklichkeit sind die meisten Menschen, durch das an die Formwelt gebundene Denken, weit von der Realität des Seins entfernt.

105. Im Traum, wenn keine Verbindung mit der äußeren Welt besteht, ist es allein der Mind der alle Erscheinungen schafft. Der Wachzustand ist wie ein verlängerter Traum, da gibt es keinen Unterschied. Das Universum ist daher nur eine Projektion des Verstandes.

106. Im traumlosen Schlaf, wenn der Mind nicht agiert, existiert nichts, wie wir alle erfahren. Daher ist der

Mensch, der Geburt und Tod unterliegt, nur eine Schöpfung seiner Sinne. Er hat keine objektive Realität.

107. Der Wind bringt die Wolken und treibt sie wieder dahin. Ebenso wird die Bindung des Menschen durch den Mind verursacht und er kann sie auch wieder auflösen.

108. Der Mind verursacht die Fesselung der Seele an den Körper und an die Sinnesobjekte. Er bindet den Menschen, so wie man ein Tier mit einem Strick fest hält. Das Denken kann aber wieder die Fesseln ablegen, indem das Verlangen nach den Sinnesobjekten beendet wird.

109. Der Mind ist sowohl die Ursache für Bindung als auch das Instrument der Befreiung. Von Rajas erfasst, gerät er in die Fesselung. Von Begierde und Unwissenheit gereinigt führt er zur Befreiung.

110. Deshalb sollte, wer sich um Befreiung bemüht, seinen Mind durch Unterscheidung und Loslassen reinigen.

111. Der Mind produziert unzählige Sinneserfahrungen. All die Unterschiede der Stellung in der Gesellschaft, von Aktionen und ihren Wirkungen gehen aus ihm hervor.

112. Er vernebelt das ursprünglich reine Bewusstsein, bindet es mit den Fesseln des Körpers und der Sinne. Er produziert die Ideen von „Ich" und „mein..." und verlangt stets nach neuen Vergnügungen.

113. Der Mind fügt zur Natur des Ego-Ichs immer wieder neue Inhalte hinzu. Menschen, die von Rajas und Tamas beherrscht werden sind stets begierig nach neuen Erfahrungen.

Es ist wunderschön in der äußeren Welt Erfahrungen zu machen, sein Wissen zu erweitern, seine Talente zu entfalten.

In Konflikte gerät der Mensch nur, wenn er dabei nicht in Verbindung mit seinem wahren Selbst steht. Dann fehlt seinem Streben die Orientierung und allzu leicht verirrt er sich in den Dramen seines Egos. Wie ein Rad nicht ohne Nabe funktionieren kann, so verliert sich der Mensch ohne Bezug zu seinem Selbst im Irrgarten der äußeren Formen.

114. Die Weisen haben den Mind als den Ursprung jener Unwissenheit erkannt, von der alle Erscheinungen in gleicher Weise bewegt werden, wie die Wolkenmassen vom Wind.

115. Deshalb muss der Sucher nach Befreiung sorgfältig den Mind reinigen. Dann wird er leicht den Segen der Verbindung mit dem Selbst ernten.

Gedanken und Gefühle sind ebenso vergänglich wie alle anderen Formen dieser Welt. Sie bewirken ständigen Lärm in uns.

Es gibt nur einen Weg um das Leid dieser Welt zu überwinden: Die Beendigung unnützer Gedanken, die ständig um unsere Wünsche und Schwierigkeiten kreisen. Werde zum Beobachter deiner Gedanken und Gefühle. Wende dich hin an die kraftvolle Stille jenseits des Lärms der Gedanken. So lösen sich die Fesseln deines Bewusstseins. So findet das Ich, welches sich an die Welt verloren hat, wieder zu sich selbst zurück.

Wenn das Denken abgeschalten wird, entsteht Raum für unser wirkliches Sein, entsteht Raum für Liebe jenseits von Sorgen, Verlangen und Ablehnung. Alle Menschen sehnen sich im Grunde nach dieser anderen Dimension, nach dem gedankenlosen Sein. Die Einnahme von Drogen, wie Alkohol, Nikotin, Cannabis, erfolgt aus dieser Sehnsucht. Drogen dämpfen vorübergehend das Denken und verursachen so einen wohligen Zustand. Abgesehen von den gesundheitlichen Schäden, wird auf diese Weise die Bindung an die Materie nur verstärkt. Auch die Sucht des Fernsehens und ähnliche Betäubungen dienen unbewusst dazu das belastende Denken zu verdrängen.

Um uns wieder für die Leichtigkeit des Seins zu öffnen, wie wir sie aus Tagen der Kindheit kennen, müssen wir aus dem zwanghaften, pausenlosen unkontrollierten Denken erwachen. Das Denken ist ein wertvolles Werkzeug um mit anderen Menschen zu kommunizieren. Es hilft uns auch unsere Aufgaben zu erfüllen. Doch selbst dafür benötigen wir auch das „Nicht-Denken". Denn weisheitsvolle Entscheidungen, die mit dem Ganzen in Harmonie sind, können nur aus dem umfassenden Sein, aus dem Raum jenseits der Gedanken empfangen werden. Es ist der Raum der unbeschränkten Möglichkeiten, der Raum aus dem allein das Neue, Kreative und Fortschrittliche entstehen kann.

116. Wer sich voll auf die Befreiung von jeder Bindung an Sinnesobjekte konzentriert, vergisst alle Aktionen und vertieft sich mittels regelmäßiger Übungen in die Wirklichkeit von Brahman.

117. Der Mind kann nicht das wahre Selbst sein, denn er ist veränderlich, er hat einen Anfang und ein Ende. Er ist die Ursache für das Leid und kann wie jedes andere Objekt beobachtet werden. Der Beobachter selbst unterscheidet sich von den Inhalten des Minds.

Die Hülle des Intellekts

118. Der Verstand ist die Ursache für Identifikationen. Diese wiederum sind die Ursache für den Kreislauf von Geburt und Tod.

119. Der Verstand ist eine Widerspiegelung des reinen Bewusstseins. Er identifiziert sich jedoch mit dem Körper und dessen Fähigkeiten.

120. Der Verstand ist ohne Anfang. Er verursacht das Ego-Gefühl und ist der Urheber aller Aktivitäten in der relativen Welt. Er erzeugt gute und schlechte Handlungen und verantwortet ihre Folgen. Er verursacht Vergnügen und Leid.

121. Der Verstand ist sehr kraftvoll und überzeugend durch seine Verwandtschaft mit dem wahren Selbst. Er verbindet das Bewusstsein mit dem Körper, den Lebensumständen, den vergangenen und gegenwärtigen Aktionen. So entsteht das Ego-Bewusstsein mit seinem Karma.

122. Der Atman, welcher reine Weisheit ist, strahlt in das Herz des Menschen. Selbst unveränderlich, wird er jedoch zum „Handelnden" und „Erfahrenden" wenn er sich mit dem Mind identifiziert.

In der erscheinenden Welt sind wir der „Handelnde" und sind dem Karmagesetz unterworfen. Wir sind der „Handelnde" solange wir uns mit unserem Körper und unseren Denk- und Willens-Inhalten identifizieren. Doch der „Handelnde" und ebenso das „Karma" lösen sich auf, wenn wir die Maya durchschauen und die Identifikation mit dem „Nicht-Atman" beenden.

123. *Der Atman ist jenseits der Beschränkungen des Verstandes. Der Mensch kann sich allerdings mit den Bewegungen des Mind identifizieren.*

124. *Durch diese Verbindung mit dem Unwirklichen, sieht es aus, als ob das Selbst, obwohl unveränderlich, den Charakter des Mind angenommen hat. Es ist so ähnlich wie Feuer, das die Eigenschaften eines glühenden Eisens anzunehmen scheint.*

125. *Die Illusion der Identität des Selbst mit Gedanken und Formen besteht so lange das wahre Wesen des Atman nicht erkannt wird. Wenn jemand einen Strick für eine Schlange hält, so endet diese Täuschung, wenn die Sache näher untersucht wird.*

126. *Die Illusion endet durch klare Unterscheidung von dem was wirklich das Selbst ist und was nicht. Das geschieht, wenn die Identität der eigenen Seele mit Brahman erfahren wird. Dann endet die Täuschung wie ein Traum beim Erwachen.*

127. *Das schmutzige Wasser wird wieder sauber, wenn der Schlamm entfernt ist. In dieser Art zeigt sich wieder der reine Glanz des Atman, wenn das Unwirkliche entfernt wird. Wenn die Selbstsucht beendet wird, realisiert sich die individuelle Seele als der Atman.*

Die Hülle des äußeren Glücks

128. Die Hülle des äußeren Glücks ist auch eine Erscheinungsform der Maya. In ihr spiegelt sich die Glückseligkeit des Atmans. In dieser Hülle erfahren wir Freuden, die durch angenehm beurteilte Objekte hervorgerufen werden. Dazu gehören auch die Früchte guter Taten.

129. Die Glückseligkeit des Atman wird während des tiefen Schlafes erfahren. Hingegen zeigt sie sich für den Nichtbefreiten im Traum- und Wachzustand nur dann, wenn erfreuliche Erfahrungen gemacht werden.

130. Die Hülle des äußeren Glücks ist nicht das höchste Selbst. Denn sie hat wechselnde Eigenschaften und wird durch die Maya bewirkt. Sie wird durch gute Taten gefördert. Ewige und unabhängige Freude wird nur durch die Verwirklichung des Atman erreicht.

Krishna: Alle Schönheit, alle herrlichen Schöpfungen dieses Universums entspringen meiner Macht.

Bhagavad Gita 10:41

131. Der Schüler: Wenn alle Hüllen wie der Körper, der Mind, etc. als unwirklich erkannt und verlassen werden, bleibt nichts mehr übrig als eine Leere, die Abwesenheit von Allem. Womit kann sich dann ein Sucher des Selbst identifizieren?

132. Der Meister antwortet:
Das ist eine gute Frage! Es ist der Atman durch den alle Erscheinungen und auch das Ego erkannt werden.

85

Er selbst jedoch wird gewöhnlich nicht beobachtet. Nur durch Schärfung der Unterscheidung kann der Atman erkannt werden.

133. Der Atman kann von niemanden, ausgenommen von sich selbst beobachtet werden. Selbsterkenntnis bedeutet die Wahrnehmung des Atman durch sich selbst.

Nur der Atman kann den Atman wahrnehmen – wer sonst? In der Begegnung des Bewusstsein mit sich selbst geht die Schöpfung über ein bloßes Bewusstsein, wie es Tiere und gewöhnliche Menschen haben, hinaus.

134. Erkenne den Atman, dein wahres Selbst, in deinem Herzen. Er ist der Zeuge deines Egos und der Vorgänge in deinem Mind. Er wird als Sein, Bewusstsein und Glückseligkeit erfahren.

135. Der Tor welcher im Wasser eines Gefäßes das Spiegelbild der Sonne sieht, denkt das sei die Sonne selbst. In gleicher Weise ist es Torheit, wenn sich jemand mit der Reflexion des Bewusstseins im Mind identifiziert. Ein Weiser ignoriert die Spiegelung der Sonne und betrachtet die Sonne, welche allen Geschöpfe ihre Strahlen schenkt, doch von diesen unabhängig ist.

136. In der gleichen Art gilt es den Körper und den Mind, in denen sich das Bewusstsein spiegelt zu durchschauen. Sodann erkennst du dein wahres Selbst als den Zeugen aller Begebenheiten, als reines Bewusstsein ohne irgendwelche Attribute, als unvergänglich und allgegenwärtig. Wenn du das realisierst, wirst du frei von Sünde, von Leid und Tod. Du wirst zum Inbegriff der Freude.

137. Es gibt keinen anderen Weg um die Fesseln der vergänglichen Existenz zu sprengen als seine eigene wahre Natur zu realisieren.

Brahman – Das Eine ohne ein Zweites

138. Die Erkenntnis, dass unsere eigene Identität untrennbar mit Brahman verbunden ist, bedeutet die Befreiung vom Kreislauf der Wiedergeburten. Erkenne, dass Brahman allein real ist.

Jesus: Wer mein Wort hört und dem glaubt, der mich gesandt hat, kommt nicht ins Gericht, sondern ist schon von den Toten zu den Lebenden übergegangen.

Johannes 5,24

Die Toten, von denen Jesus spricht, entsprechen den in der Illusion der Maya gefangenen Menschen. Diese Menschen sind dem „Karma-Gericht" unterworfen. Sie müssen in diesem und im nächsten Leben die Folgen ihrer Handlungen auf sich nehmen. Doch wer das Vergängliche vom Unvergänglichen zu unterscheiden vermag, wer seine Identität mit Brahman erkennt, der ist vom Samsara (Rad der Wiedergeburt) befreit und „von den Toten zu den Lebenden übergegangen".

139. Die Vielfalt der Formen, die wir erfahren, ist nichts anderes als Brahman, das Eine ohne ein Zweites. Das Absolute ist frei von allen Beschränkungen des menschlichen Verstandes.

140. Das ganze Universum ist nur aus Brahman hervorgegangen und hat keine von ihm unabhängige Existenz.

141. Shri Krishna, der alle Geheimnisse kennt, erklärt in der Bhagavad-Gita: „Alle Wesen sind in mir, aber ich bin nicht in ihnen". (Gita 9:4,5)

> *142. Somit existiert die Welt nicht getrennt von Brahman. Was unser Mind sich im Gegensatz dazu ausdenkt hat keine Realität. Jede Trennung von Brahman ist eine Täuschung.*
>
> *143. Was immer du wahrnimmt, es ist immer nur Brahman. Und was immer zu Gott hinzugefügt wird, es sind nur Namen.*

Die Maya ist ein Kind des Brahman. Aus ihr entsteht die Welt mit ihren Vorkommnissen. Brahman offenbart sich in diesen, doch er selbst ist jenseits von Inhalten, die mit Bildern oder Worten beschrieben werden können.

So offenbart sich Gott dem Moses als dieser sich dem brennenden Dornbusch (2.Mose 3,14) nähert, und nach dem Namen Gottes fragt, mit den Worten: *„Ich bin, der Seiende!"* Gott (Brahman) hat keinen Namen. Gott ist keine Person. Er ist das allumfassende Sein. Jeder Inhalt, jeder Name wäre eine Einschränkung. Brahman ist Bewusstsein ohne vorstellbare Inhalte, einfach reines Sein. Doch er birgt alle Möglichkeiten äußerer Formen in sich.

Wir verwenden „Namen" wie Gott oder Brahman um miteinander zu kommunizieren. Shankara spricht über die Eigenschaften der Allgottheit. Er weist hin auf das Unsagbare. Doch letztlich hat nur die Erfahrung des Namenlosen einen Wert.

> *144. Es existiert daher nur Brahman allein, das Eine ohne ein Zweites. Es ist reines Bewusstsein, ohne Makel, die Essenz der Weisheit, der Frieden selbst. Es ist zeitlos und jenseits von aller Aktivität. Es repräsentiert die absolute Glückseligkeit.*

145. Sein Wesen ist unsichtbar, unermesslich, formlos, namenlos, unzerstörbar, jenseits von Leid und aus sich selbst heraus leuchtend. Es umfasst alle Verschiedenheiten, die durch die Maya hervorgebracht wurden.

146. Die Seher erkennen in Brahman zugleich den Wissenden, das Wissen und das Gewusste.

147. Brahman kann weder verlassen noch erreicht werden. Es ist jenseits von Gedanken und Worten, unermesslich, allumfassend, ohne Anfang und Ende. Es ist die höchste Herrlichkeit.

In Gott wird nichts erkannt: er ist ein einig Ein, was man in ihm erkennt, das muss man selber sein.

Angelus Silesius

148. Die heiligen Schriften bestätigen die absolute Identität von Brahman und Atman mit den oft wiederholten Worten: „Tat–Tvam–Asi" (Das bist Du). Diese Identität ist schwer zu erfassen, denn die Begriffe Brahman und Atman haben anscheinend verschiedene Bedeutung, so wie die Sonne und der Glühwurm, oder der König und der Diener, das Meer und ein Brunnen oder der Berg Meru und das Atom.

149. Doch diese Unterschiede sind nur gedanklicher Art. In Wirklichkeit sind sie Auswirkungen der Maya. Wenn die Projektionen aufgehoben werden, gibt es weder einen höchsten Gott noch eine individuelle Seele. Ein König wird erkannt durch sein Königreich und ein Krieger durch seine Waffen. Nimmst du diese hinweg, gibt es weder einen König noch einen Krieger.

Der Atman ist in seiner Essenz ident mit dem Universalbewusstsein. Er ist jedoch nicht ohne Eigenheit. Er ist die Quelle der Individualität. Er trägt die Essenz aller durchlebten Erfahrungen in sich. Doch diese Summe ist leer von konkreten Inhalten. Diese Essenz ist mit Worten nicht zu beschreiben. Sie kann in etwa verglichen werden mit dem „Ich"- Gefühl welches wir im gedanken- und bilderlosen Tiefschlaf hatten und an welches wir uns nach dem Erwachen erinnern. Auch in der gedankenfreien staunenden Hingabe an die Schönheit einer Landschaft können wir die Glückseligkeit des Selbst, welches sich hinter unseren gewöhnlichen „Ich-Identifikationen" verbirgt, erahnen.

In verschiedenen Richtungen des Buddhismus wird die Ansicht vertreten, dass nicht nur das „Ego-Ich" (resultierend aus der Identifikation mit dem Körper und dem Mind) eine Illusion sei, sondern dass es überhaupt kein „Selbst", keine Seele, keinen den Tod überdauernden Wesenskern des Menschen gibt. Diese Ansicht beruft sich auf die „Anatta" (Nicht-Atman) – Lehre des Gautama Buddha.

Doch man muss sich fragen: Wenn es kein Selbst gibt, wer sollte dann vom Leid befreit werden? Wer unterliegt weiter dem Samsara (Rad von Werden und Vergehen) oder wer tritt in den Zustand des Nibbana (Nirvana, höchste Glückseligkeit) ein?

In einer Rede, die Gautama Buddha zugeordnet wird, erklärt dieser, dass es überflüssig sei auf die Frage einzugehen, ob es einen ewigen Wesenskern des Menschen gibt oder nicht. Er ging offenbar davon aus, dass es besser sei seine Lehre von der Aufhebung allen Leids zu verwirklichen, als über solche Themen zu spekulieren.

In Brahman gibt es die Vielfalt in der Einheit und die Einheit in der Vielfalt. Die unzähligen Menschen und ihre Atmans können verglichen werden mit den Billionen Zellen eines Körpers. Wie die Wissenschaft festgestellt hat, gleicht keine einer anderen. Jede führt eine Art Eigenleben. Dennoch existiert die einzelne Zelle nicht getrennt vom Körper. Sie ist eins mit dem Körper und doch ist jede für sich einzigartig. Sie hat ein Eigenleben in der Gemeinschaft, ist Individualität und zugleich eins mit dem Ganzen. Jede Zelle wird getragen und durchpulst von derselben Lebensenergie, die alles Leben bestimmt.

Der Unterschied zwischen der „Individualität" der Körperzellen und der Individualität des Menschen liegt in der Fähigkeit des Letzteren zur Selbstreflexion und damit zur Wahrnehmung seines Selbst. Verwirklicht er dieses Selbst (den Atman), so wird er zu einem eigenständigen Zentrum von Bewusstheit.

150. Brahman ist „weder dies noch das". Das bedeutet, dass keine gedanklichen Inhalte Brahman und Atman beschreiben können. Nur so ist die Einheit der beiden begreifbar.

151. Der Sinn der beiden Bezeichnungen Brahman (universelles Sein) und Atman (individuelles Sein) muss sorgfältig überlegt werden. Weder die Ablehnung noch die Bejahung ihrer Einheit führt zur Wahrheit.

Atman ist Brahman und Brahman ist Atman. Nur für den gewöhnlichen Verstand ist dies ein Widerspruch. Die Logik sagt: Wenn A gleich B ist und B gleich A ist, so müssen A und B identisch sein. Nach der Lehre des Shankara sind sie identisch und zugleich verschieden. Das ist der Friede und die Weisheit Gottes.

152. Brahman und Atman teilen sich dieselbe Essenz, nämlich das reine Bewusstsein. Insofern gibt es keinen Unterschied zwischen beiden.

Es gibt nur das eine Sein – In diesem regiert nicht nur Brahman, sondern in ihm haben auch die Vielfalt der Formen und die Vielfalt aller Atman ihren Platz. Alles ist Brahman zugleich ist Brahman Alles. Für den Verstand des Menschen sind Vielfalt und Einheit allerdings schwer zu vereinen.

> *153. Atman ist selbstexistent und frei wie der Himmel. Er kann mit Worten nicht beschrieben werden. Reinige deinen Mind, dann erkennst du dein wahres Ich als absolutes Bewusstsein.*

> *154. Alle Formen aus Lehm, wie zum Beispiel ein Krug, sind in ihrer Grundsubstanz immer nur dieser Lehm. In gleicher Weise ist das ganze Universum, welches auf Brahman zurückgeht, nur Brahman, die einzige Wirklichkeit und nichts anderes. Unser Selbst ist daher ebenso nur heiteres, reines, höchstes Sein.*

> *155. In gleicher Weise wie Plätze, Zeit, Objekte und Menschen in einem Traum unwirklich sind, so ist auch die Welt, wie wir sie im wachen Zustand erleben, nur ein Produkt unserer Unwissenheit. Der Körper, seine Organe, der Lebensatem und das vorgestellte Ich sind ebenso unwirklich. Sie sind nichts anderes als reines, seliges und höchstes Brahman.*

> *156. Das was irrtümlich als gesonderte Existenz angeschaut wird, erweist sich, wenn die Wahrheit erkannt wird, als eins mit Brahman. Die vielfältige Welt löst sich auf wie ein Traum beim Erwachen.*

Das bist du!

157. Das was jenseits von Kasten, Religion, Herkunft und Familie, frei von Namen und Gestalt, von Verdienst und Schuld ist und ebenso was jenseits ist von Raum und Zeit und allen Sinnesobjekten, das ist Brahman, das bist du – meditiere darüber.

158. Die höchste Realität jenseits aller Worte, doch erreichbar über das klare Auge der Einsicht, das reine Bewusstsein, das bist du – meditiere darüber.

159. Du bist Brahman. Du bist unberührt von den sechs Schwächen wie Hunger und Durst, Verfall, Tod, Verlangen und Unwissenheit. Du findest dich im Herzen der Yogis, die über dich meditieren. Du kannst nicht durch die Sinne oder den Verstand erfasst werden.

160. Brahman ist die Grundlage der vielfältigen Erscheinungen des Universums. Doch diese sind alle Produkte der Maya. Du selbst bist unabhängig in deiner Existenz. Das bist du! Meditiere darüber.

161. Du bist frei von Geburt, Wachstum, Entwicklung, Verfall und Tod; Nichts kann dich zerstören; Du bist der Urgrund von Schöpfung, Erhaltung und Auflösung von Allem. Meditiere darüber.

162. Du bist frei von Unterschieden, unbeweglich wie ein Ozean ohne Wellen. Du bist Freiheit ohne Ende. Öffne dich dafür!

163. Obwohl du das Einzige ohne ein Zweites bist, bist du die Ursache der Vielfalt.

164. In dir gibt es keine Dualität. Du bist unendlich und unzerstörbar, dein Sein ist jenseits der Maya. Du bist ohne Makel, anhaltende Glückseligkeit.

165. Obwohl du mit verschiedenen Namen in verschiedenen Gestalten erscheinst, so wie Gold in verschiedenen Formen, bleibst du doch stets unverändert.

166. Alles ist Brahman, es gibt nichts außerhalb von diesem Sein.

167. Meditiere über diese Wahrheiten des Brahman. So wirst du ohne Zweifel zu einer Weisheit gelangen, rein wie das Wasser in deiner Hand.

168. Brahman ist Schönheit und Liebe. Tief im eigenen Herzen findest du Brahman, die absolute Existenz.

Viele glauben Liebe sei eine Mangelware. Sie sehnen sich nach Liebe, sie meinen um Liebe zu erlangen sich sehr anstrengen zu müssen oder dass die „große Liebe" ein besonderer Glücksfall, so ähnlich wie ein Hauptgewinn im Lotto, sei.

In Wirklichkeit besteht das ganze sichtbare und unsichtbare Universum nur aus Liebe. Auch wenn es scheinbar anders aussieht: Du bist Liebe, alles ist Liebe. Wir können der Liebe gar nicht entkommen. Man kann das nicht beweisen, doch es bedarf keines Beweises, denn es ist augenscheinlich. Oder kann jemand daran zweifeln, dass unsere wunderbare, unfassbar schöne Welt, die Berge und Täler, die Blumen und Bäume, die Bäche, Flüsse, Seen und Meere, die Wolken, Winde und Jahreszeiten, die Tiere und Menschen aus unendlicher Weisheit, Schönheit und Liebe geboren wurden? Wie kann in dieser Welt etwas nicht Liebe sein? Nur der verirrte Mind schafft Dunkelheit. Diese hat aber keine Realität. Dunkelheit löst sich auf im Licht der Erkenntnis.

*Wäre die Sonne nicht Liebe, hätte ihre Schönheit kein
Licht.
Wären Erde und Berge nicht Liebe,
würde kein Gras auf ihnen wachsen.*

Jalal ad-Din Rumi

Aus dir allein schaffst du nichts in dieser Welt. Nicht einmal deinen Körper kannst du bewegen ohne die Intelligenz
des Körpers, seiner Nerven und Muskeln zu nutzen. So ist
alles Geschehen auf dieser Erde miteinander vernetzt. Nichts
geschieht außerhalb des allumfassenden Seins. Alles ist Spiel
der Maya. ES denkt, ES handelt, ES geschieht. Vergiss dein
Ich, werde zum Zeugen des Geschehens.

*169. Selbst wenn die Wahrheit erkannt ist, verbleibt oft
der Eindruck, man sei der Handelnde und der Erfah-
rende, was zur Wiedergeburt führt. Diese Illusion muss
sorgfältig durch die ständige Verbindung mit Brahman
vermieden werden.*

*170. Vergiss alle Traditionen, befreie dich sogar von
den Lehren der Schriften, folge deiner reinen inneren
Stimme.*

*171. Der Geruch des Sandelholz erscheint wieder,
wenn es vom altem Schmutz befreit wird. Ebenso kommt
wieder der Duft des höchsten Selbst hervor, wenn es
von den endlosen Verirrungen des Mind gereinigt wird.
Dann offenbart sich wieder die höchste Wirklichkeit.*

*172. Je mehr der Mind mit dem Absoluten vertraut
wird, desto weniger hängt er an äußeren Erfahrungen.*

*173. Tamas wird sowohl durch Rajas und auch durch
Sattva überwunden. Rajas löst sich auf durch Sattva.*

Auch Letzteres fällt schließlich weg, wenn das Licht des Atman erstrahlt.

174. Es mag sein, dass alte Konditionierungen länger im Mind wirksam bleiben. Lass dich dadurch nicht beirren und verfolge mit Geduld deinen Weg.

175. Mach dir bewusst: "Ich bin nicht das an den Körper gebundene Ich, sondern die höchste Realität, genannt Atman oder Brahman!" Vergiss alle anderen Attribute!

176. Der Weise sorgt sich nicht um Erwerb oder Verlust, denn er wünscht weder etwas herbei noch lehnt er etwas ab.

Jesus: Sehet die Vögel unter dem Himmel an: sie säen nicht, sie ernten nicht, sie sammeln nicht in die Scheunen; und euer himmlischer Vater nährt sie doch. Seid ihr denn nicht viel mehr denn sie?
Suchet zuerst das Reich Gottes und alles andere wird euch hinzugegeben.

Matthäus 6:26-33

177. Für den Erkennenden ist die Welt nur ein vergängliches Bild, welches im Spiegel des Brahman erscheint.

178. Wie ein Schauspieler seine Maske ablegt, so beendet der Weise seine Identifikation mit unwirklichen Dingen.

Wie ein Schauspieler haben wir in der äußeren Welt die verschiedensten Rollen zu spielen. Wir sind einmal Kind, dann Mutter oder Vater, Schüler, Geldverdiener und so fort. Wir sollten uns in der Welt der Erscheinungen nicht unseren Aufgaben entziehen, doch spiele deine Rolle in diesem Leben wie ein Schauspieler. Erfülle deine Aufgaben, doch identifiziere dich nicht mit ihnen. Dann ist es ein himmlisches Spiel und du kannst deine Freude, Liebe und Weisheit in dieses Spiel einfließen lassen.

179. Dieses äußere Universum ist vollkommen unwirklich. Auch das „Ich" hat keine Realität, denn es ist vergänglich.

180. Das wirkliche Selbst ist der Zeuge des Ego-Ichs und seiner Umgebung. Dieser Zeuge ist immer gegenwärtig, sogar im Zustand des Tiefschlafes. Dieser Beobachter aller Veränderungen ist dein ewiges Sein.

181. Beende daher die Identifikation mit dem vergänglichen Körper, mit deiner Familie, deiner Abstammung, deinem Namen, deiner Ausbildung und deinem Status. Ebenso gib die Einbildung auf ‚du seiest der Handelnde und Entscheidende. Erkenne deine Eigenschaft als Essenz des Seins.

Jesus: So jemand zu mir kommt und hasst nicht seinen Vater, Mutter, Weib, Kinder, Brüder, Schwestern, auch dazu sein eigen Leben, der kann nicht mein Jünger sein.

Lukas 14:26

Im Lukas-Evangelium lesen wir verwirrende Worte, wie wir uns unserer Familie, uns selbst, unserem Leben gegenüber verhalten sollen. In den vier Evangelien wird vorzugsweise eine Gleichnis- oder Bildersprache verwendet. Natürlich ist mit den vorstehenden Worten im Lukasevangelium nicht „hassen" im gewöhnlichen Sinn gemeint. Wir müssen niemanden hassen um befreit zu werden. Um ein „Jünger Jesus" zu werden, müssen wir die Identifikation mit „mein..." (meine Familie, meine Erfolge, meine Taten, meine Besonderheit, mein Bessersein als andere sind) beenden. Mit anderen Worten, doch inhaltlich gleich bringt dies Shankara zum Ausdruck.

Wirkliche Liebe kennt kein „mein" sondern nur die Einheit mit allem Sein. Zu lieben bedeutet sich in allen Dingen zu erkennen.

Ein „Jünger Jesus" zu sein oder „den Atman verwirklichen", bedeutet nicht etwas lieben, sondern Liebe zu sein.

> *Jesus: Ich aber sage euch: liebet eure Feinde; segnet die euch fluchen; tut wohl denen, die euch hassen; bittet für die, die euch beleidigen und verfolgen.*
>
> *Matthäus 5:44*

Yoga und Samadhi

182. Die Vorstellungen von „Du" oder „Ich", „Dieses" oder „Jenes" entstehen durch verirrte Gedanken. Im Samadhi werden alle diese dualen Unterscheidungen aufgelöst und die alleinige Wahrheit tritt zu Tage.

Samadhi bedeutet die höchste Stufe der inneren Versenkung. Patanjali, ein indischer Weisheitslehrer, der zwischen dem 2. und 4. Jh. n. Chr. gelebt haben soll, gilt als der Verfasser der legendären „Yoga-Sutras". Sie bilden das Fundament für spätere Yoga-Lehren. In ihnen wurde das Yoga-Wissen der damaligen Zeit zusammengefasst. Samadhi wird in diesen Sutras als letztes und höchstes Ziel des aus acht Stufen bestehenden Yoga-Weges genannt.

183. Wer sich um Befreiung bemüht, ruht achtsam, geduldig in sich selbst. In der Meditation ist er sich der Einheit mit allem Sein bewusst. Frei von Handlungen und Bewegungen des Mind genießt er die Glückseligkeit Brahmans.

184. Nur wer Samadhi erreicht, ist gelöst von den Bindungen an die Welt. Er ist befreit von allem Karma. Für ihn münden die äußere Welt, die Sinneswahrnehmungen, der Mind und das Ego in den Atman.

Das innere Ich, auch das „Selbst" genannt, wird „sichtbar" wenn alle Attribute des äußeren Ichs wegfallen. Dazu müssen wir in einen gedankenfreien Raum eintreten. Das fällt dem normalen Menschen äußerst schwer, denn ständig zu denken ist für ihn der vertraute Normalzustand seines Bewusstseins.

Der Mensch steht unter einem Denkzwang. Nachdem er sich mit seinen Sinneswahrnehmungen, seinen Gedanken und Gefühlen identifiziert, würde für ihn „Nichtdenken" eine „Nichtexistenz" bedeuten. Diesen Zustand will und kann das Ego nicht verwirklichen. Das Ego, welches auf gedanklichen Vorstellungen aufgebaut ist, sträubt sich heftig dagegen. Ohne Gedanken verliert es den Boden unter den Füßen, es stürzt in einen Abgrund – für das Ego eine schreckliche Vorstellung.

So bedrohlich und zugleich unvorstellbar das Nichtdenken für das Ego ist, so befreit fühlt sich das wirkliche „Ich bin", wenn es in der Meditation Nichtdenken praktiziert. Nur sein – nicht dies oder das zu sein – ist eine erlösende, beglückende Erfahrung.

185. Das Wesen des höchsten Selbst ist sehr fein gewebt, und kann nicht durch sinnesgebundene Gedanken erreicht werden. Daher muss der Mind erst durch Meditation in einen subtilen, höchst empfänglichen Zustand versetzt werden.

186. Wie Gold seine Verunreinigungen in der Hitze des Feuers abgibt, so verliert der Mind durch die Meditation seine Trübungen die Sattva, Rajas und Tamas verursacht haben.

187. Durch ständige Übung erlangst du die höchste Stufe der Meditation, in der sich der Mind mit Brahman, dem Einen ohne ein Zweites verbindet.

Meditation ist im Grunde ein einfacher Weg. Was Meditation bedeutet lässt sich kurz mit den Worten zusammenfassen: Gegenwärtig-Sein, Achtsamkeit, Befreiung von Gedanken, Eintauchen in das Sein.

188. Im Samadhi werden alle Begierden aufgelöst. Deine wahre Natur kann sich sodann ohne Mühe nach Innen und Außen entfalten.

189. Kontemplative Gedanken sind hundertmal wertvoller als nur von Brahman zu hören oder zu lesen. Meditation ist tausendmal besser als bloße Reflexion. Doch Samadhi ist unerreicht in seinen Wirkungen.

Meditation bedeutet im ersten Schritt, das was gerade gegenwärtig ist zu beobachten, also mit den Gedanken nicht in der Vergangenheit oder in der Zukunft abzugleiten. Du beobachtest alles, was deine Sinne „jetzt" wahrnehmen ohne daran Gedanken zu knüpfen. Du beobachtest deinen Atem, du spürst deinen Körper, du beobachtest Gedanken und Gefühle, die hochkommen ohne bei ihnen haften zu bleiben.

Diese Art der Meditation kann auch im gewöhnlichen Alltag, am besten beim Ausruhen oder neben Tätigkeiten, die unsere Aufmerksamkeit nicht sehr in Anspruch nehmen, praktiziert werden.

Wer sich ganz auf seine Meditation fokussieren will, kann so vorgehen: Er sucht einen ruhigen Ort auf. Er nimmt eine Sitzposition ein, in der er länger in einem wachen Zustand verweilen kann. Er ist möglichst präsent. Möglichst ohne zu denken, beobachtet er, was „jetzt" gerade um ihn und in ihm vor sich geht. Er betrachtet die Gedanken und Gefühle, wie sie kommen und gehen und vermeidet sich von ihnen mitreißen zu lassen. Er ist ganz eins mit dem gegenwärtigen Sein.

Im nächsten Schritt macht er sich den Beobachter bewusst. Er erkennt denjenigen der hinter allen Wahrnehmungen steht. Er „sieht" den unsichtbaren, immer in uns anwesenden Beobachter. Er verbindet sich mit dem, was die Essenz seines Selbst ist: reines Bewusstsein.

Nur der Beobachter kann sich selbst beobachten. Der Beobachter ohne Inhalte ist nichts anderes als der Atman. Er ist reines Sein. Das Ziel der Meditation ist ein gedankenfreier Zustand in dem die Einheit mit Brahman erfahren wird.

Regelmäßige Meditation bringt bald erfreulichen Nutzen. Wir werden ruhiger, ausgeglichener und gelassener. Es gelingt uns immer besser im Hier und Jetzt zu bleiben. Wir werden wacher, unsere Intuition verbessert sich...

Manche meinen neben ihren weltlichen Aufgaben keine Zeit für Meditation zu haben. Sie ahnen nicht, dass ihnen die Zeit, die dafür verwenden vielfach sowohl qualitativ, durch mehr Lebenskraft und Freude als auch quantitativ, durch bessere Entscheidungen und bessere Zeitnutzung rückerstattet wird.

190. Durch Samadhi wird die Realität von Brahman zur permanenten Gewissheit.

191. Die ersten Schritte zum Yoga bestehen in achtsamer Rede, Verzicht auf Besitz, Freisein von Erwartungen, Leidenschaftslosigkeit und einem zurückgezogenen Lebensstil.

192. Ein zurückgezogenes Leben dient der Kontrolle der Sinne. Kontrolle der Sinne hilft zur Beobachtung des Mind. Beherrschung des Mind sorgt für die Aufhebung des Egos. Dies alles führt zur Verwirklichung von Brahman. Deshalb ist es so wichtig immer den Mind zu beobachten.

Durch wiederholtes sorgfältiges Beobachten des eigenen Denkens wird es heller in uns. Es öffnet sich ein Fenster auf unser wunderbares Sein, auf das, was wir wirklich sind, auf unsere Essenz, die zugleich der Ursprung des ganzen Universums ist.

Um unser Denken „in den Griff" zu bekommen, ist es notwendig. es immer wieder mit Abstand zu beobachten. Gut anschauen können wir eine Sache nur, wenn wir nicht in ihr drin stecken, von ihr gefesselt und benebelt sind, sondern zumindest einen Schritt zurücktreten. So bekommen wir Distanz um die Dinge gelassen zu betrachten. Wenn wir das Denken beobachten, befreit sich der „Denker" vom Denken. Wir erlösen uns vom Strom der unkontrolliert dahin eilenden Gedanken.

Astronauten, die unsere Erde aus dem Weltraum anschauen durften, schwärmen von der Schönheit dieser kleinen Kugel im großen Universum. Viele Dinge erweisen sich erst durch eine distanzierte, umfassendere Sichtweise als wunderbar und einzigartig. Dabei verschwinden die kleinen und großen Probleme des Alltags, in die wir oft hilflos verstrickt sind.

> *193. Wer fest verankert ist in Brahman, kann die äußere Bindung an Sinnesobjekte und die innere Bindung an die Wünsche des Egos mit Leichtigkeit beenden.*
>
> *194. Leidenschaftslosigkeit und Unterscheidung wirken wie die beiden Flügel eines Vogels. Du benötigst beide um die höchste Stufe der Befreiung zu erreichen.*
>
> *195. Samadhi wird nur durch völlige Begierdelosigkeit erreicht. Samadhi allein bewirkt anhaltende Erleuchtung und Glückseligkeit.*

Manche Menschen wollen „für" ihr Ego meditieren, erleuchtet und heilig sein. Sie wollen zu ihrer äußeren Identität ein weiteres, besonderes Attribut hinzufügen. Doch sie übersehen, dass genau diese Intention die Verwirklichung verhindert. In der Meditation geht es um die „Hingabe" des Egos und nicht um seine Stärkung. Du kannst Jahre meditieren, wenn du damit nur etwas für dein „Ego" erreichen willst, wirst du keine großen Fortschritte machen.

Brahman ist wie der Himmel

196. Wie die Welle, die Gischt, der Wirbel in ihrer Essenz nur Wasser sind, so besteht im Grunde alles nur aus göttlichem Bewusstsein, vom Körper angefangen bis zum Ich.

197. Das ganze Universum welches der Mind wahrnimmt, ist nichts als Brahman; Es gibt nichts außerhalb von Brahman, so wie Krüge und Gefäße aller Art nur aus Ton bestehen. Nur Täuschung verursacht die Unterscheidung von „Du" und „Ich".

198. Brahman ist wie der Himmel, rein, absolut, unbegrenzt, unbewegt und unverändert. Es umfasst das ganze Universum samt allen Dingen.

Krishna: Ich bin das ewige Selbst, welches in allen Wesen wohnt. Ich bin der Ursprung von allem, der Weg und auch das Ziel.

Bhagavad Gita 10:20

Jesus: Ich bin der Weg und die Wahrheit und das Leben.

Johannes 14:6

Der Mensch kann sich mit seinen Gedanken verschließen vor der Vollkommenheit und Schönheit des Seins. Dann wird er zwangsläufig zum Sucher. Denn alle Menschen streben bewusst oder unbewusst nach Schönheit, Liebe, Freiheit, Frieden und Erfüllung. Der Sucher gleicht allerdings dem kleinen Fisch im Ozean, der das Meer finden will. Denn ein großer Fisch hat ihm einmal von der gewaltigen Ausdehnung, Pracht und Fülle des Meeres erzählt und ihn verspottet, weil er so ein beschränktes,

„kleinfischiges" Leben führt. Leider aber entdeckt der kleine Fisch bei seiner Suche überall viel salziges Wasser und manch anderes, nur nicht den Ozean. Und so irrt er sehnsuchtsvoll da und dort hin ohne je das wunderbare Meer zu finden.

Wer mit Augen sucht, die nicht die großartige Fülle des Seins erkennen, sondern die vorwiegend Mangel und Bedrohung entdecken, der bekommt Angst. Aus Angst entwickelt sich das Ego. Das Ego lebt von Verlangen, Gier, Neid, Kritiksucht und Sorgen. Ich-Sucht entspringt aus Unwissenheit. Unwissenheit führt zu Kleingläubigkeit. Die Welt des Egos ist bedrückend klein und eng. Furcht lässt uns um unser Glück kämpfen. Da hat Liebe wenig Platz, denn die Sorge nicht genug zu bekommen und nicht genug geliebt zu werden, verhüllt den Blick auf die Vollkommenheit und Schönheit des Seins. Und je mehr wir strampeln und uns bemühen, desto trüber wird das „Wasser" und so können wir uns an der Weite und Fülle des „Ozeans" nicht erfreuen.

199. Die ersten Stufen der Erkenntnis sind wertlos, wenn nicht die weiteren folgen. Erkenntnis von Brahman löst alle Schwierigkeiten. Frieden und höchste Freude sind schließlich der Lohn.

200. Wenn im Herzen der Knoten der Unwissenheit zerstört ist, dann endet jedes Bedürfnis nach egoistischen Handlungen, dann offenbart sich Brahman als Liebe und Glückseligkeit.

Das Universum ist aus Liebe geboren! Wir benötigen keinen „Gegenstand" den wir lieben, um Liebe zu sein. Liebe braucht keine Gegenliebe.

Sie hat nicht die Absicht jemandem etwas Gutes zu tun. Sie strahlt einfach aus, was sie ist. Dadurch ist sie vollkommen frei. Sie benötigt niemand, der ihre Liebe empfängt oder erwidert. Sie hat keine Erwartungen und so kann sie auch nicht enttäuscht werden. Sie ist einfach Freude und Schönheit und strahlt dies sorglos aus.

Die Sonne leuchtet auch auf Landstriche, wo es kein Leben gibt. Der Baum spendet immer Schatten, auch wenn niemand da ist um sich an seiner Blätterkrone zu erfreuen. Die Rose schenkt jedem ihre Schönheit, ihren Duft.

Liebe ist nicht stolz auf ihre Verdienste. Liebe gibt unabhängig von Lob, Dankbarkeit oder Anerkennung. Sie gibt, weil sie Freude hat zu geben.

Liebe ist ohne Erwartung. Sie will niemanden besitzen, will niemanden abhängig machen und niemanden kontrollieren. Liebe ist im Einklang mit dem Sein, wie es ist.

Liebe kümmert sich nicht darum, ob sie wohl gut genug und verdienstvoll genug ist. Sie hat keine Angst jemanden nicht zu gewinnen oder ihn zu verlieren. Auf diese Art ist Liebe eins mit dem großen Frieden.

201. Wer mit Brahman verbunden ist, ist vollkommen gegenwärtig und wach. Er macht sich keine Sorgen und ist erlöst von aller Angst.

202. Der befreite Mensch kümmert sich nicht um die Vergangenheit und verschwendet keine Gedanken an die Zukunft. Er blickt gelassen auf die Gegenwart.

203. Er blickt auf alle Begebenheiten mit Gleichmut, mag es sich um Gutes oder Böses, um Gewinn oder Verlust, um Verdienste oder Versagen handeln.

204. Angenehmen und schmerzvollen Ereignissen begegnet er mit gleicher Gelassenheit.

205. Wie die Flüsse, die ins Meer münden, das Meer nicht bewegen, so verbleibt der Befreite unberührt von all dem, was in der Erscheinungswelt vor sich geht. Er fühlt sich stets eins mit Brahman.

206. Gute Handlungen und schwere Verfehlungen, die jemand im Traum begeht, werden ihn weder in den Himmel noch in die Hölle bringen. Sie enden wenn er erwacht.

207. Durch die Verwirklichung der eigenen Identität mit Brahman, werden alle Taten und ihre Folgen aus unzähligen Vorleben ausgelöscht, so wie die Handlungen in einem Traum durch das Erwachen ihr Ende finden.

208. Der Atman ist frei wie der Himmel. Wer ihn verwirklicht wird nicht mehr von den Taten aus seiner Vergangenheit verfolgt.

Das Karma-Gesetz berührt die Seele nur solange, wie sie in vom Ego-Denken mit seinem Wünschen, Sorgen und Ängsten gefesselt ist.

Erkennt die Seele die Vollkommenheit allen Seins so beendet sie all ihr Be- und Verurteilen. Sie tritt ein in den Zustand wunschloser Gegenwärtigkeit. Damit wird alles karmische Geschehen als Spiel der Maya erkannt und alle Probleme und Sorgen lösen sich auf.

Karma und seine Auflösung

209. Der Schüler:
Das Karma, welches jemand vor seiner Bewusstwer-
dung verursacht hat, kann in seinen Auswirkungen
nicht durch Beseitigung der Unwissenheit aufgehoben
werden. Auch ein Pfeil, der auf ein Objekt bereits abge-
schossen wurde, kann in seinem Flug nicht mehr aufge-
halten werden.

210. Ein Pfeil der vermeintlich auf einen Tiger geschos-
sen wurde, kann nicht anhalten, wenn er im Flug er-
kennt, dass sein Ziel eine Kuh ist.

211. Der Meister spricht:
Tatsächlich sind sogar für einen weisen Mann die Aus-
wirkungen aus der Vergangenheit so stark, dass er sie
ertragen muss. Doch das Feuer der Erkenntnis zerstört
alles Karma, soweit sich die Folgen noch nicht einge-
stellt haben.

212. Wer sich seiner Identität mit Brahman immer
bewusst ist, bleibt innerlich von Auswirkungen aus
der Vergangenheit unberührt. Für ihn ist altes Karma
bedeutungslos, so wie jemand der aus dem Schlaf er-
wacht, sich nicht mehr um die Geschehnisse im Traum
kümmern muss.

213. Der Körper ist geformt durch das Karma. Doch
das ist belanglos für den Atman, der niemals durch
Handlungen berührt wird.

*214. Ursachen vergangener Handlungen sind nur so-
lange wirksam, als jemand sich mit dem Körper identifiziert. Wer darüber hinausgeht, wird von altem Karma
nicht betroffen.*

*So wie das Feuer das Brennholz zu Asche verwandelt,
ebenso verbrennt das Feuer der Erkenntnis die Wirkung aller Taten.*

Bhagavad Gita 4:37

*215. Der beste Beweis dafür, dass jemand Atman, das
reine Bewusstsein und die Glückseligkeit verwirklicht
hat, ist die eigene innere Wahrnehmung.*

*216. Bindung und Befreiung, innerer Frieden und
Furcht, Gesundheit, Hunger werden nur persönlich erfahren. Andere können nur Schlüsse über deinen inneren Zustand ziehen.*

*217. Lehrer und Schriften können Erkenntnis anregen.
Der Schüler muss jedoch selbst die Unwissenheit überwinden. Dabei kann er der Hilfe der universellen Gottheit gewiß sein.*

*218. Der Befreite erkennt seine unsichtbare Natur
durch die eigene Verwirklichung. Losgelöst von weltlichen Trugbildern verbleibt er in enger Verbindung mit
dem Atman.*

Der Schüler erfährt Brahman

219. Der Schüler, angeleitet durch den Meister, die Schriften und eigene Kontemplationen, beginnt sich von der äußeren Welt zurückzuziehen. Er verharrt mit konzentrierter Aufmerksamkeit im tiefen Frieden und verbindet sich vollkommen mit dem Atman/Brahman.

220. Nachdem er einige Zeit in der Verbindung mit Atmann/Brahman verblieben ist, kehrt er zum normalen Bewusstsein zurück und spricht:

221. Mein Mind und alle seine Aktivitäten sind in die Identität mit Atman und Brahman eingegangen. Ich kann nicht beschreiben wie grenzenlos diese Freude ist.

222. Ich hatte das Gefühl wie ein Hagelkorn in die Weite des göttlichen Ozeans zu fallen. Dabei löste sich mein Mind auf in der Wonne des Brahman.

223. Wohin war die Welt gegangen? Von wem wurde sie entfernt, worin hat sie sich verwandelt? Hat sie aufgehört zu existieren? Es ist wie ein großes Wunder.

224. Im Ozean des Brahman, der mit Nektar erfüllt ist, was kann hier angenommen oder abgelehnt werden?

225. Ich sehe hier nichts, noch höre ich etwas, noch weiß ich etwas. Ich erfahre einfach die absolute Essenz des freudigen Seins.

226. Ich danke dir, meinem Meister, und der Gnade Brahmans.

227. Ich bin gesegnet. Ich habe die Vollendung meines Lebens erreicht. Ich bin frei von den Fesseln des Samsara.

228. Ich bin nicht der Handelnde und auch nicht derjenige, dem die Früchte seiner Handlungen zufallen.

229. Ich bin frei. Ich bin im Frieden. Ich bin unbegrenzt, ich bin weder dies noch das. Ich bin die Einheit ohne ein Zweites. Ich bin die unvergleichliche und unzerstörbare Realität.

230. In mir, dem Ozean von unendlicher Freude, werden durch das Spiel der Maya die Wellen der Welt geschaffen und aufgelöst.

231. "Materie" und "Zeit" sind irrige Vorstellungen der Menschen. Sie teilen damit das Unteilbare und erkennen nicht das zeitlose Sein.

Zeit ist eine Illusion. Sie entsteht im Zustand der Trennung von Brahman. Die Vergangenheit ist bloß eine gedankliche Vorstellung. Niemand hat je die Vergangenheit „erlebt". „Erleben" kannst du nur die Gegenwart, denn es gibt nur das zeitlose „Jetzt". Im Jetzt kann ich mich an vergangene „Jetzt-Augenblicke" erinnern. Doch aus dieser Erinnerung ist bereits die Kraft der Gegenwart gewichen. Es sind nur „alte" Geschichten ohne Lebendigkeit. Bedeutung hat nur der gegenwärtige Augenblick. Nur im Jetzt können wir mit unserem Selbst verbunden sein.

Was für die Vergangenheit gesagt wurde, gilt ebenso für die Zukunft. Auch sie ist eine gedankliche Konstruktion. Der Mensch verweilt im Denken gerne in einer fiktiven Zukunft und wendet sich dabei von der einzigen Realität, dem Sein in

der Gegenwart, ab. Er versäumt damit das Leben. Er lebt nicht die glückselige, immer gegenwärtige Dimension des Seins.

„Zeit ist das, was das Licht von uns fern hält. Es gibt kein größeres Hindernis auf dem Weg zu Gott als die Zeit"

Meister Eckehart

Er träumt von der Zukunft, weil er sich von ihr die Erfüllung, die er jetzt nicht erfahren kann, erwartet. Deshalb eilt er gedanklich hinter der Illusion der Zukunft her. Er hofft durch Rennen und eifriges Tun Befriedigung in der Zukunft zu erlangen. Doch dieser Traum geht nie in Erfüllung, denn glücklich sein können wir nur im „Jetzt". Verbinde dich heute mit deinem inneren Glück!

Hoffnungen, Erwartungen, Wünsche, Ängste und Sorgen bedeuten überflüssiges Zukunftsdenken. Natürlich ist es sinnvoll den Tag zu planen und „vorzusorgen". Doch meist artet dies aus in „sich Sorgen machen". Auch ist es klug aus der Vergangenheit zu lernen und die Wiederholung von Fehlern zu vermeiden. Doch wie oft sind wir unnötig belastet von dem was war und was wir nicht mehr ändern können? Und wie gerne machen sich viele Menschen Sorgen um zukünftige Ereignisse, die in der Regel anders stattfinden als vorher gedacht?

232. Doch was immer die Unwissenden glauben, auch eine große Menge an Wasser, die in einer Fata Morgana gesehen wird, kann die Wüste nicht bewässern.

233. Ich bin klar wie der Himmel; Wie die Sonne bin ich verschieden von den beleuchteten Dingen; Ich verweile unbewegt wie ein Berg und bin unbegrenzt weit wie der Ozean.

Krishna: Durch die Berührung mit den Gegenständen der Welt entstehen Raum, Zeit, Glut, Frost, Freude und Leid. Sie kommen und gehen. Sie sind ohne Bestand. Bleib ihnen gegenüber gelassen.

Bhagavad Gita 2:14

234. Ich habe keine Identität mit dem Körper, ebenso wenig wie der Himmel mit den Wolken. Wie können mich dann die Zustände von Schlaf, Traum oder Erwachen berühren?

235. Erfahrungen, Handlungen und Eigenschaften des Ichs kommen und gehen. Sie verursachen diese und jene Früchte, die ebenfalls vergänglich sind. Während dessen verbleibe ich unbewegt, wie ein heiliger Berg.

In der Welt der Formen können wir auf das Handeln nicht verzichten. Wie wir in der Bhagavad-Gita (3:5) lesen: *„Durch die Erscheinungsweise der Natur, sind alle Menschen fortlaufend gezwungen etwas zu tun!"*

Sogar Krishna, der höchste Gott, sagt von sich: *„Selbst ich, dem es an nichts fehlt und der nichts erreichen muss, bin unablässig tätig."* (Gita 3:22)

Sowohl das sichtbare als auch das unsichtbare Universum sind immer in Bewegung. Alles lebt, entfaltet und entwickelt sich.

Auf dem spirituellen Weg sollten wir keinesfalls unsere täglichen Aufgaben vernachlässigen. Doch wir werden sie mit viel mehr Freude und Effektivität ausführen, wenn wir mit unserer inneren Dimension verbunden sind.

Der Weise bleibt innerlich unbewegt im Tun und Ruhen.

236. Wie können verdienstvolle oder negative Ergebnisse für mich existieren, da ich doch weder mit meinem Körper noch mit meinem Mind identisch bin? Ich bin unveränderlich und ohne Form, immer unberührt.

237. Hitze und Kälte, Gut und Böse berühren höchstens den Schatten meines Körpers, doch niemals mich selbst.

238. Die Eigenschaften von Dingen und Ereignisse, beeinflussen nicht den Zuschauer, welcher sie nur beobachtet, so wie die Lampe nicht von den Gegenständen, die sie in einem Zimmer erleuchtet, berührt wird.

239. Wie die Sonne verschieden ist von den Dingen, die sie beleuchtet und Feuer nicht identisch ist mit dem, was es verbrennt, so bin ich das unveränderliche Selbst.

240. Weder handle ich selbst noch lasse ich andere handeln.

241. Ich bin Brahman, das Eine ohne ein Zweites, der Urgrund von allem Sein. Ich lasse alle Dinge erscheinen und beleuchte sie. Doch ich bin von ihrer Vielfalt nicht berührt.

Es gibt nur „ein" allumfassendes Sein, in dem auch das äußere Universum inbegriffen ist. Das erscheinende Universum ist unfassbar groß und weit, viel weiter als wir mit den modernsten Weltraumteleskopen blicken können. Zugleich ist es in seinen Grundsubstanzen unendlich klein, kleiner und feiner als Atome sind. Weder in die eine Richtung noch in die andere gibt es erkundbare Grenzen. Diese unfassbaren Weiten spiegeln die Unendlichkeit der geistigen Dimension. Beschränkungen gibt es nur innerhalb unseres kurzsichtigen Denkens.

Das Universum ist trotz seiner grenzenlosen Ausdehnung immer nur eins. Es gibt keine zwei oder mehrere parallel nebeneinander bestehende äußeren Welten. Ebenso gibt es nur ein allumfassendes „Sein" im spirituellen Sinn. Daher kommt auch der Glaube an einen allumfassenden Gott. Selbst die vielen Götter, die wir im Hinduismus und bei den alten Griechen kennen, bilden eine „Familie" in „einem" Universum und sie sind alle in Brahman vereint.

242. Ich bin Brahman, der die endlosen Formen der Maya überschreitet. Ich bin die Essenz von allem.

243. Meister, du hast mich aus dem Schlaf erweckt und mich gerettet. Ich war gefangen im Dschungel der Geburt und des Todes. Tag für Tag war ich von zahlreichen Problemen verfolgt und vom Tiger des Egoismus attackiert.

Die höchste Weisheit

Ich bat den Weisen:
Nenne mir die Geheimnisse der Welt.
Leise flüsterte er mir ins Ohr:
Kein Wort kann sie beschreiben,
doch die Stille wird offenbaren sie dir.

Jalal ad-Din Rumi

244. Der Meister spricht:
Die Welt ist ein einziger Ausdruck von Brahman. Dies gilt es mit erleuchtetem Auge und klarem Geist wahrzunehmen.

245. Welcher weise Mensch verzichtet auf die höchste Glücksseligkeit vergänglicher Dinge wegen? Wenn der zauberhafte Mond scheint, wer würde den Anblick eines gemalten Mondes vorziehen?

246. Durch vergängliche, unreale Dinge kann weder Befriedigung noch das Ende von Leid erlangt werden. Deshalb verbleibe im seligen Zustand der Identität mit Brahman.

247. In allen Lebenssituationen bleib immer verbunden mit deinem Selbst und genieße die Freude die aus Brahman entspringt.

248. Duale Konzepte über die Welt sind wie Luftschlösser. Verbleibe daher stets im Bewusstsein der Einheit mit Atman. So überwindest du jede Angst und erlangst Liebe und höchsten Frieden.

Das Gegenteil von innerem Frieden ist Angst. Sie ist die Geisel der Menschheit. Sie entsteht aus Unkenntnis der Vollkommenheit des Seins. In der reinen Gegenwart, im reinen Bewusstsein gibt es keine Furcht. Angst ist das Gegenteil von Liebe. So heißt es im Johannesbrief des Neuen Testamentes (4,18): *„Furcht gibt es in der Liebe nicht. Die vollkommene Liebe vertreibt die Furcht. Habt ihr noch Furcht, so seid ihr in der Liebe nicht vollkommen!"*

Für den, der sich nicht als eins mit der Welt erfährt, wirkt diese bedrohlich. Furcht wird hervorgerufen durch einseitige Ich-Bezogenheit. Wer im Atman ruht, kennt keine Angst. Die Verbindung mit Brahman und Atman ist die wahre Heilung von aller Frucht.

Einer wirklichen Gefahr, der wir höchst selten ausgesetzt sind, kannst du entweder erfolgreich oder weniger erfolgreich begegnen. Meist verwechseln wir Situationen, Aufgaben und Herausforderungen mit Gefahren. Der Mind malt sich gerne aus, was in Zukunft an Schrecklichem passieren könnte. Die Angst vor der Zukunft ist das Übel und nicht das, was in der Zukunft passieren wird.

249. Wer Brahman erkennt, dessen Mind wird vom rastlosen Tun befreit.

250. Wer seine Natur realisiert, fühlt sich in allen Situationen, ob er geht oder steht, ob er sitzt oder liegt, erfüllt von der Glückseligkeit des Brahman. Er genießt den Zustand der Wunschlosigkeit.

251. Er ist nicht mehr abhängig von Bedingungen des Ortes, der Zeit, von Glaubensrichtungen, von moralischen Vorschriften oder bestimmten Meditationsobjekten. Er folgt allein der Stimme seines Selbst.

Wer Gott liebt, hat keine Religion außer Gott.

Jalal ad-Din Rumi

252. *Der Atman, der die ewige Wahrheit repräsentiert, erscheint sobald richtige Einsicht vorliegt. Du benötigst dazu keinen besonderen Ort oder eine bestimmte Zeit oder bestimmte Reinigungsrituale.*

253. *Der Atman kann sich nur selbst offenbaren, so wie die Sonne nicht von fremdem Licht erleuchtet wird. Auch die heiligen Schriften verdanken ihre Weisheit allein dem Atman.*

Selbstlose Liebe

> *254. Der Atman wird durch Sinnesobjekte weder be-*
> *kümmert noch begeistert. Er hängt weder an ihnen*
> *noch hegt er Abneigung gegen sie. Er ist Liebe ohne*
> *Verlangen.*
>
> *255. Ein Kind spielt hingegeben mit seinen Spielsachen*
> *und vergisst dabei Hunger und Sorgen. Ebenso erfreut*
> *sich der Erwachte am Sein und ist nicht mehr belastet*
> *von Ideen wie „Ich" und „mein...".*

Grundlose Liebe kennt kein „Ich" und „mein...".

Wirkliche Liebe hat keinen Grund, sie hat kein weil... Wenn ich liebe, „weil mir jemand oder etwas gefällt"; „weil jemand zu mir freundlich ist, mich versteht, mich lobt" so ist dies nur eine Reaktion auf Angenehmes. Es ist kein Fehler sich über Lob zu freuen und es ist sinnvoll und schön anderen Anerkennung zu schenken. Doch von Lob abhängig zu sein, zerstört die Liebe. „Grundlose Liebe" braucht keine Ursache, kein Objekt.

Liebe kann sich nur dort entfalten, wo das ängstliche Ego schweigt. In der „Hingabe" (Aufgabe des Egos) entsteht Raum für die Liebe. In der Hingabe finden wir uns selbst.

Es gibt verschiedene Möglichkeiten der Hingabe: Hingabe an eine Aufgabe, Hingabe an die Schönheit der Natur, Hingabe an Menschen. Wir können uns hingeben an ein Gespräch oder bloß an den gegenwärtigen Augenblick.

Hingabe bedeutet sein Ego zu verlieren. Es bedeutet die Erwartungen, Wünsche, das Begehren und Anklammern, die Ängste und Hoffnungen aufzugeben.

Es gibt zwei Arten von „Liebe". Bei der einen will das Ich etwas für sich haben. Es will gelobt, geliebt und begehrt werden. Es verlangt, dass der andere seine Erwartungen befriedigt. Deshalb ist diese Liebe ängstlich und eifersüchtig. Kaum verhält sich der andere nicht so, wie das „Ich" es will, macht sich Enttäuschung breit und das Herz bekommt einen Riss, einen Schmerz, der die weitere Beziehung belastet.

In einer wahren Beziehung begegnen sich zwei „Nicht-Ich". Für diese Ichs gibt es keine Erwartungen und keine Enttäuschungen. Die Ego-Liebe sehnt sich nach dieser bedingungslosen, umfassenden Liebe, doch zugleich will sie nicht auf ihre eigenen Wünsche und Sorgen verzichten. Loslassen bedeutet für sie den Verlust ihres Ego-Gefühls. Statt sich dem Nichts und Alles zu übergeben, zieht es das Ego vor, sich an seine Hoffnungen zu klammern und entsprechende Enttäuschungen zu erleiden.

Wenn das Ego nur wüsste, dass es alles bekommt, wenn es von allem loszulassen vermag.

Der Kenner des Atman

256. *Der Kenner des Atman, ist an äußere Dinge nicht gebunden. Er fällt nicht auf durch besondere Bekleidung. Er ruht in seinem Körper ohne Identifikation. Er genießt die Sinnesobjekte wie sie kommen und gehen.*

257. *Er wandert umher in der Welt in verschiedensten Verkleidungen. Er erscheint mal als Verrückter, dann als Weiser. Manchmal wird er verehrt, dann wieder beschimpft. Ihm ist das alles egal.*

258. *Er hat keine Reichtümer und ist doch immer zufrieden; Er wirkt manchmal hilflos und ist doch voller Kraft; Er ist immer voller Freude; Er gleicht niemanden und fühlt sich doch nicht als besonders.*

259. *Er wirkt und ist doch nicht aktiv; Er erntet die Früchte vergangener Handlungen und ist doch unberührt von ihnen; Er hat einen Körper, doch er identifiziert sich nicht mit ihm; Er scheint allein zu sein und ist doch mit allem verbunden.*

260. *Weder Vergnügen noch Leid, weder Gut noch Böse berühren den Kenner Brahmans.*

261. *Unwissende Leute identifizieren den Befreiten mit seinem Körper. Er selbst jedoch betrachtet diesen Körper wie die Schlange ihre abgestreifte Haut.*

262. *Der Verwirklichte sieht die Bewegungen seines Körpers wie ein Zeuge, frei von mentalen Schwankungen.*

263. Sowohl Bindung als auch Befreiung sind Illusionen der Maya. Sie existieren nicht wirklich.

Keiner unserer Fehler und Irrtümer ist von Bedeutung, weil Fehlschöpfungen des Mind nicht wirklich existieren – wohl aber leiden wir darunter.

Von Bindung und Befreiung kann nur auf der dualen Ebene gesprochen werden. Die Illusion von Bindung und Befreiung wird durch Maya geschaffen. Diese Unterscheidungen lösen sich auf, wenn wir das Denken überschreiten und in die Tiefe des gegenwärtigen Seins eintauchen.

Was wahr ist, ist unvergänglich – nichts Unwirkliches existiert.

Wenn ihr euch nur vom Denken in Begriffen und Vorstellungen befreien könntet, hättet ihr alles erreicht.

Huang Po

264. Die Menschen sprechen von Bindung wenn der Schleier der Unwissenheit vorliegt. Befreiung bedeutet für sie das Ende von Unwissenheit. Doch Brahman ist jenseits solcher Unterscheidungen. In Wirklichkeit gibt es keinen Schleier, sondern nur Brahman.

265. Es gibt weder Tod noch Geburt, weder eine mit Schwierigkeiten kämpfende noch eine erleuchtete Seele, weder einen Sucher nach Befreiung noch einen Befreiten. Das ist die höchste Weisheit.

Index

P

Patanjali 102

R

Rajas 57, 58, 62, 70, 72, 79, 80, 97,
103
Ramana Maharshi 32, 44

S

Samsara 71, 88, 91, 116
Sat 72, 73
Sattva 57, 62, 66, 97, 103
Selbst 14, 27, 52, 55, 62, 64, 65, 66,
69, 70, 71, 72, 73, 74, 76, 80,
81, 83, 84, 85, 86, 91, 92, 93,
97, 99, 102, 104, 108, 116, 120,
122, 123

T

Tamas 57, 58, 59, 62, 72, 80, 97, 103

U

Upanishaden 11

V

Veden 11, 39

W

Wiedergeburt 88, 97

Y

Yoga 20, 48, 102, 105
Yoga-Sutras 102

Buchempfehlung

"Die Essenz der
Bhagavad-Gita"

Bernd Helge Fritsch

In der Bhagavad-Gita finden sich die schönsten Perlen alt-indischer Weisheit zu einer wunderbaren Einheit zusammen gefasst. Alle wichtigen Themen der irdischen und göttlichen Welt werden in diesem „Gesang des Erhabenen" umfassend erläutert.

Durch eine sorgfältige Auswahl aller wesentlichen Textstellen und durch eine klare, gut verständliche Sprache wird mit dieser Ausgabe der Gita – für den Menschen der heutigen Zeit – ein höchst praktischer Zugang zu ihrer „Essenz" geboten.

Die der Übersetzung hinzugefügten Kommentare erleichtern ein tiefgehendes Verständnis dieser uralten und zugleich zeitlosen fernöstlichen Weisheitslehre.

Buchempfehlung

"Der große Prinz
und das Glück"

Bernd Helge Fritsch

Rund 80 Jahre nachdem Antoine de Saint-Exupéry, Schriftsteller und Flugpilot, dem "Kleinen Prinz" in einer afrikanischen Wüste begegnen durfte, erscheint wieder ein "Prinz" von einem anderen Stern auf unserer Erde. Es ist der "Große Prinz", der hier auf unserem Planeten das Leben und das Glück der Menschen studiert.

In diesem Buch wurden seine Erfahrungen und Erkenntnisse über das "Glücklich-Sein" niedergeschrieben.

Ein Buch, das uns das "WunderLeben" mit neuen
Augen betrachten lässt.

Ein Buch, das uns dem Geheimnis eines *"tiefen und
anhaltenden Glücklich-Seins"* näher bringt.

Buchempfehlung

Vom Umgang mit der Zeit
99 spirituelle Anregungen

Bernd H. Fritsch

In diesem Hand-Buch findest du 99 Aphorismen für ein "Leben in der Zeit und in der Zeitlosigkeit".

Alle wesentlichen Lebensbereiche des Menschen, wie beispielsweise: Liebe, Freundschaft, Gesundheit, Freude, Umgang mit Konflikten, Beendigung von Schuldgefühlen, Fehler machen dürfen... werden in diesen Aphorismen in prägnanter und gut verständlicher Weise angesprochen. Ein idealer Begleiter um sich zu besinnen, um auf deinem Weg das Wesentliche vom Unwesentlichen zu unterscheiden.

Du findest in diesem Brevier leicht lesbare Anregungen zu einem Leben in Frieden und Vollkommenheit, frei von Zeitdruck, Stress, Ängsten und Sorgen.

Aufgezeigt wird, wie durch die Erkenntnis des Sinns unseres Daseins und durch die richtige Einstellung zu unseren Aufgaben, jeder Augenblick unseres Erdenleben etwas Besonderes sein kann.

Der Autor hat in diesem kleinen Büchlein all seine, im Laufe von rund sieben Jahrzehnten gewonnenen Erkenntnisse, zusammengefasst. Für den, der bereit ist sich auf die Weisheiten in dieser Schrift einzulassen, werden sich neue Dimensionen eröffnen.

Buchempfehlung

WU-WEI
erfolgreich Nichts tun

Bernd Helge Fritsch

Dieses Buch beinhaltet eine Auswahl von Essay-Briefen, wie sie von Bernd Helge Fritsch seit etlichen Jahren in Mail-Form an Freunde und Interessierte versendet werden. Diese Briefe behandeln die wichtigsten Lebensfragen. Zu diesen zähle ich:

*   Was ist der Sinn unseres Erdendaseins?
*   Wer bin ich?
*   Wie lebt man erfüllende Beziehungen?
*   Vom Umgang mit Depressionen
*   Wie kann ich glücklich sein, unabhängig von äußeren Ereignissen?
*   Was geschieht mit mir nach meinem körperlichen Tod?

Diese Essay-Briefe sollen keine "Glaubensinhalte" vermitteln. Der Autor möchte kein "gläubiger Mensch" sein und gehört deshalb auch keiner Religionsgemeinschaft an. Wohl aber ist nach seiner Ansicht "Religion" (die bewusste Verbindung mit dem Höchsten) unsere wichtigste Mission auf dieser Erde.

Recommended books

"The crown jewel of Shankara"

Newly mounted by
Bernd Helge Fritsch

Adi Shankara (788-820 A.D.) is regarded as the most important Indian spiritual philosopher and reformer of Hinduism. His famous major work was "Viveka Chudamani" (Jewel of Distinction). It is considered the "crown jewel" of ancient Indian wisdom. The present edition offers the reader a modern translation of the "jewel" and a careful selection from the originally 580 Sanskrit verses. The author has left out numerous repetitive passages as well as statements not in keeping with our modern *zeitgeist*.

Bernd Helge Fritsch, himself a spiritual teacher, has added explanations to many verses, to clarify the meaning of Shankara's text which is now approximately 1200 years old.

This book deals with the central questions of our life: What constitutes the meaning of my life? How do we explain our destiny? How do we liberate ourselves from worries, illness and suffering? How can we connect ourselves with the everlasting beauty, love and bliss at the fundamental basis of Being?

Recommended books

Bernd Helge Fritsch

The Essence of the
Bhagavad Gita

"The Essence
of the Bhagavad Gita"

Bernd Helge Fritsch

This book results from the author's decades of in-depth studies of Eastern spirituality.

The Bhagavad Gita combines the most beautiful pearls of Ancient Indian wisdom into a wonderful entity. The "Song of the Sublime" thoroughly explains all the important subjects of the earthly and the divine world.

The Gita provides us with one of the most valuable and beautiful revelations mankind has ever received. Its verses open a gate to spiritual self-recognition and to a discovery of the divine.

This edition of the Gita offers today's readers a most practical access to its essence thanks to a careful selection of all important text passages and the use of clear, easily understandable language. Comments added to the translation will facilitate a deep understanding of this ancient and yet timeless eastern teaching.

Schreiben Sie uns!

Schreiben Sie uns!

Schreiben Sie uns!

Schreiben Sie uns, wenn Sie......

- ....Fragen an den Autor Bernd Helge Fritsch richten wollen!

- ....bereit sind, uns Anregungen und Feedback zu geben!

- ....Informationen über Vorträge und Seminare mit Bernd Helge Fritsch haben wollen!

- ....kostenlos unseren monatlichen „Essay-Brief per E-mail bekommen wollen!

- ....B. H. Fritsch zu einer Lesung, einen Vortrag oder ein Seminar einladen wollen!

Wir freuen uns über jede Zuschrift und werden Ihnen gerne antworten.

Email: office@berndhelgefritsch.com

Besuchen Sie unsere Homepage:
www.berndhelgefritsch.com